SPLINTER CHABOT

ROZE BRIEVEN

Spectrum

Uitgeverij Unieboek | Het Spectrum bv

Spectrum maakt deel uit van Uitgeverij Unieboek | Het Spectrum bv,
Amstelplein 32
1096 BC Amsterdam

Eerste druk 2020

Omslagontwerp: Anton Corbijn
Uitvoering: Yaël Temminck © Antonymous BV
Auteursfoto: Anton Corbijn

Redactie: Jelte Nieuwenhuis
Tekst Splinter Chabot: Een deel van de tekst bestaat uit columns die eerder verschenen in *de Volkskrant*
Brieven: uit respect voor de brievenschrijvers is er besloten om de brieven integraal op te nemen
Afwerking omslag: DPS Design & Prepress Studio, Amsterdam
Ontwerp schutbladen: Schilderij Splinter Chabot
Fotograaf schutbladen: Ali Mousavi
Opmaak: Elgraphic

ISBN 978 90 00 37553 0
ISBN 978 90 00 37554 7 (e-book)
NUR 320

www.spectrumnonfictie.nl

You are my sister, we were born
So innocent, so full of need

You are my sister
And I love you
May all of your dreams come true

All of your, all of your dreams, come true
I want this for you
They're gonna come true

'You Are My Sister'
Antony and the Johnsons

Dit boek is voor het meisje dat op de rand van haar bed zit met een spiegel in de hand maar zichzelf niet ziet. Voor wie vanavond dichter bij zijn knuffeldier kruipt om iets te vertellen wat nog niemand horen mag. Of voor het jochie dat eindelijk op balletles is gegaan en een *Zwanenmeer*-ster in wording is. Voor het kereltje dat in een prinsessenjurk naar school wil zonder op een uitlachorkest te worden getrakteerd. Voor wie steeds naar de conrector wordt gestuurd omdat ze wel de rommel in haar kamer maar niet de rommel in haar hoofd weet op te ruimen. Voor wie niet wil kiezen tussen roze of blauw. Voor de hij die een zij is. Voor wie denkt dat ze een hij is, maar in transitie ontdekt dat-ie liever niet naar de ene of de andere kant wil schaatsen en in plaats daarvan het liefst op het midden van het ijs blijft staan. Voor wie klappen krijgt voor het zichtbaar zichzelf zijn.

Voor wie nog zoekt. Voor wie nog niet in het suikerspinzoete land is aangekomen. Voor wie nog niet hun eigen confettiregen hebben ontdekt. Kortom, voor wie nog niet weet: Het Wordt Beter.

Het land is ansichtkaartklaar; in de wei staan bruinbeige koeien die al hun hele leven lijken te genieten van hun pensioen, het land huppelt de stille Hobbitlandheuvels aaneen en het meer ligt er schaatsklaar bij; iemand hoeft alleen nog maar een ijstapijt uit te rollen.

Zweden. Ik ben in Zweden.

De komende tijd zit ik alleen in een hutje. De enige buren, vrienden en dorpsgenoten zijn bomen, eindeloze rijen bomen. Aan weerszijden van de oprijlaan staan wolkenkrabberhoge dennen kaarsrecht overeind in de houding, alsof ze een erehaag voor een bezoekend staatshoofd vormen. Toen ik met de auto aankwam, had dat me een prettig gevoel gegeven.

Nadat ik mijn koffers naar binnen heb gerold, ben ik gaan wandelen. Een wandeling om het meer, niet dieper het bos in – dat kan altijd nog. Mijn jas heb ik in het Zweedse hutje laten liggen; de zomer gloeit rustig na, het is nog warm genoeg voor een vakantiegevoel. Die paar bomen waar de herfstkleur al heel langzaam intrekt doen daar niets aan af.

Hond Bril loopt kalm aan mijn zijde. Ze heeft in de tien jaar dat ze nu op de wereld rondwandelt nog geen aanleiding gevonden om te vertrekken en als ik haar zo bekijk is ze dat ook vandaag niet van plan. Ze loopt vredig voort, zonder streng touw om haar nek. Vroeger had ze dat wel altijd gehad, omdat ze anders alle kanten opschoot en op ontdekkingstocht ging. Misschien dat ze in een vorig leven een ontdekkingsreiziger is geweest. Maar die avonturendrang is weggeëbd en intussen brengt zelfs een tennisbal haar niet meer aan het stuiteren.

Ze is bezig aan haar laatste loopjes, meer dagen achter dan vóór zich. De ouderdom is zichtbaar rondom haar neus: de eerst koolzwarte haren zijn nu mistig grijs; kleuren trekken zich alvast langzaam terug uit het lichaam van Hond Bril. En ook haar loopje is veranderd. Ze heeft roestige heupen gekregen. Hoe vaak en lief ik haar ook aai, olie in haar heupen komt er niet meer.

Ik denk terug aan Amsterdam. Aan een van de wandelingen die ik een paar maanden geleden maakte. Een rondje samen met mijn broertje. We waren nog steeds 'De Kleintjes', zoals we thuis steevast door onze ouders en oudere broers werden genoemd, maar nu in volwassen versie. Hij met baard, ik met bril. Hij gespierd, ik wat ielig. Hoewel onze stappen groter en onze ruggen langer waren geworden en de dagen van het speelgoedregime op onze gezamenlijke kamer ver achter ons lagen, was er eigenlijk weinig veranderd. Alsof ons lichaam trekdropachtig uit elkaar was getrokken; maar het dropje – de smaak, de textuur – hetzelfde was gebleven. We waren dezelfde kinderen in grotere lijven.

Hoewel ik nét iets ouder was dan hij, zo'n anderhalf jaar, voelde het toch alsof ik inmiddels zíjn broertje was geworden. Of op z'n minst zijn tweelingbroer. Alsof hij in de kalender was gaan rennen en me bijna had ingehaald.

We liepen samen door de stad. Zonnebrillen op, terwijl Amsterdam het die dag eigenlijk verdiende om te worden bekeken zonder geblindeerde glazen. De stad was mooi genoeg om haar in volle glorie te aanschouwen; ze lag er vertrouwd rommelig bij, zoals alleen de hoofdstad dat kan: alles schots en scheef, een grachtenpandenpolonaise, maar toch de indruk wekkend opgeruimd te zijn.

We liepen langs de aandachtzoekende etalages van de Haarlemmerstraat, over de keurige keien van de Keizersgracht, langs de hoge herenhuizen aan de Herengracht. Onze voeten gingen symmetrisch en synchroon, alsof onze schoenen van tevoren een afspraak hadden gemaakt om zich aan een specifiek ritme te conformeren. De bollende ruggen van de bruggen waarover we liepen deden me denken aan Den Haag. Of specifieker, aan de duinen, de Waalsdorpervlakte.

Daar hadden mijn broertje en ik vaak gewandeld met Hond Bril. Zandheuvel op, zandheuvel af. We noemden het onze achtertuin omdat ons ouderlijk huis recht tegenover de duinen lag. Hoeveel voetstempels van ons samen waren er in al die jaren niet in het gelige duinzand gedrukt? En vervolgens weer weggeblazen, opgelost in de zandkorreloceaan? Het waren er veel geweest, maar toch hadden we er toen misschien te weinig van genoten, waardoor we het merendeel van die wandelingen inmiddels waren vergeten. Kwijtgeraakt, net als de zandkorrels.

'Hier kun je hele lekkere bonbons halen,' zei ik toen we langs Puccini Bomboni liepen.

'Dat geloof ik zo, Wobie,' antwoordde mijn broertje.

In de etalage lagen de chocoladesieraden uitgestald op z'n Tiffany's. Ze leken je toe te wuiven en je te verleiden. 'Eet mij op, neem een hapje van mij, gun jezelf een stukje.' Chocolate Light District, knipperde er door mijn hoofd. Ik wist dat ze het in deze winkel voor elkaar hadden gekregen om de muziek van Puccini te vangen in chocolade.

Mijn broertje en ik keken elkaar aan en zonder woorden besloten we dat we halverwege onze wandeling waren. We hadden een pirouette gemaakt en toen we het bronzen beeld van Multatuli voorbijliepen viel het me op dat hij ons fronsend aankeek; alsof hij ons niet iets wilde leren over een lange geschiedenis, maar eerder wilde waarschuwen voor een nabije toekomst.

Vanuit mijn ooghoek zag ik dat er een man aan

kwam lopen. De man had op een van de bruine houten bankjes gezeten. Op z'n Frans; met een croissant en een afhaalkoffie in de zon die langzaam kiekeboe kwam zeggen boven de daken van de huizen.

Het had eruitgezien alsof hij zijn eigen geluksmomentje had gecreëerd, zo eentje waar je later nog energie uit zou kunnen putten. Hij liep naar ons toe met een kleine twijfeling in zijn heupen. Toen mijn broertje en ik zagen dat hij onze kant op kwam, hadden we vrijwel automatisch onze pas een versnelling teruggebracht. Beiden hadden we zachtjes de rem in onze botten en spieren laten komen.

'Ik moet jóú iets zeggen,' begon de man nu. Hij leek er zelf van te schrikken hoe die zin eruit kwam. De twijfeling die eerder al in zijn heupen was gekropen, verspreidde zich nu over de rest van zijn lichaam. Het begon bij zijn buik die wiebelde, vervolgens kroop het naar zijn schouders die iets naar beneden kromden, en ten slotte verplaatste het zich richting zijn arm en zijn vinger die onderweg naar boven waren geweest, maar nu iets weg hadden van een slak die terug in zijn huisje kroop. Vlak voordat de twijfeling zijn nek en zijn hoofd in kon kruipen, keek de man ons nog een keer aan. Ik vermoedde dat mijn broertje bemoedigend glimlachte, want de twijfel leek uit hem weg te lekken. Iets of iemand had een kraantje gevonden en opengezet.

'Ik moet je iets zeggen,' herhaalde hij.

De kraan stond nu helemaal open en zijn remmingen waren verdwenen.

In de gangen van mijn bovenkamer leken roodgloeiende alarmlampen te zijn gaan branden; wat als deze man boos zou zijn, wat als hij me verantwoordelijk ging houden voor iets waar ik onmogelijk verantwoordelijk voor kón zijn. Ja, je zou kunnen zeggen dat ik iets zíchtbaar had gemaakt dat voorheen lang onzichtbaar was geweest, maar ik had het niet zelf gecreëerd. Ik had het cadeaupapier van het geschenk afgehaald – meende ik zelf – maar het cadeau had ik noch gekocht, noch bezorgd. Dat had hij zelf gedaan.

De man had wittig haar, aan de puntjes van zijn lokken kon ik zien dat er in een verder verleden trotse krullen op zijn hoofd hadden gezeten. Krullen die zich in acrobatische houdingen hadden gekronkeld om indruk te kunnen maken. Bruine krullen, vermoedde ik. Hij droeg een onzichtbaar brilletje, type glas en metaal, zo een waarvan je als drager vergat dat je hem überhaupt ophad. Hoewel ik bang was voor zijn mogelijke woorden viel het me op dat er nergens in zijn gezicht, noch in zijn ogen, noch in de groeven en kloven, noch in de mondhoek die elastisch heen en weer bewoog, een teken van boosheid te vinden was. Ik liet mijn ogen over zijn gezicht glijden alsof het een landkaart was. Op zoek naar die rivier, dat dorpje, die stad waarvan ik wist dat ik hem zocht en waarbij ik kon zeggen: kijk, hier is het. Een punt van herkenning. Maar hoe goed ik ook keek, woede was in zijn gezicht niet te vinden.

Maar wat dan wel?

‘Mijn gezin, ik heb een vrouw en kinderen, is, ja hoe zal ik het zeggen...’ – een vinger ging naar zijn kin en krabde daar een niet-aanwezig kriebeltje weg – ‘...veranderd,’ besloot hij.

‘O,’ zei mijn broertje, of ik, of wij allebei.

‘Ja, sinds je boek, Wobie,’ ging hij verder terwijl hij mij wel maar ook niet aankeek. ‘Ik heb het mijn vrouw cadeau gegeven. En vervolgens heeft ze het gelezen. En daarna kwam ze naar me toe en, ja, hoe zal ik het zeggen?’

We keken elkaar aan. Links en rechts stroomde het grachtwater aan ons voorbij, zich voor de zekerheid uit de voeten makend.

‘Ze kwam naar me toe,’ ging hij verder, ‘en toen...’ Hij kuchte even, alsof er een klein vliegje naar binnen was gevlogen. ‘Ja, het was vreemd, eigenaardig, maar ik zag het meteen, ik zag het écht meteen. Ze ging iets zeggen wat gevolgen zou hebben. Grote gevolgen. Voor ons allemaal.’

Hij haalde diep adem.

‘Ze kwam naar me toe en vertelde wie ze echt was, wat ze vanbinnen voelde, dat ze lang getwijfeld en gezocht had... Ze vertelde me, na al die jaren huwelijk – we hebben ook samen een kind hè, een zoon. Al een paar jaar! Hij kan inmiddels praten, lopen, lachen. En we hebben een oudere dochter. Dus het was echt serieus, niet even een korte periode, nee, gewoon, alles erop en eraan; huisje boompje beestje met alle toeters en bellen. Maar enfin, dat doet er nu niet toe, dat doet er nu niet meer toe. Want ja, ze keek me aan en vertelde me dat ze op vrouwen valt. Daar kwam het op neer. Mijn vrouw, valt op vrouwen. En ze vertelde me, zonder dat ze het zei, dus ook dat ze bij me weg moet.'

Het was stil op die brug boven de gracht. Hoewel de Torensluis een van de breedste bruggen van Amsterdam is, voelde deze plek opeens dunnig aan. Het leek alsof de bomen zich hadden teruggetrokken, geruisloos hun bladeren tegen hun takken aan drukten. In de verte hoorden we niet het gebruikelijke geluid van hoge hakken, of van auto's die zich als bloedpropjes een weg door het aderenstelsel van de Amsterdamse straten probeerden te banen. Zelfs niet het geratel van een fiets met loszittende onderdelen. Helemaal niks. En daarom zeiden ook mijn broertje en ik even niets – niet wetend welke wending dit verhaal zou gaan krijgen. Niet wetend welke reactie gewenst was.

'En,' verbrak de man de stilte, 'ik zal je eerlijk vertellen, ik ben blij.'

Alles om ons heen leek zich nu te ontspannen. Even had ik het gevoel gehad dat iemand een pauzeknop had ingedrukt en daarmee de wereld stil had gezet. Voor de zekerheid. En nu stonden we weer in de *play*-stand.

'Ja, ik ben er blij mee, dat durf ik wel te zeggen,' ging hij verder, alsof er razendsnel een nieuw setje batterijen in zijn rug was aangebracht.

'Ik ben er blij mee, ondanks dat het moeilijk zal zijn. Dat is het namelijk ook, moeilijk, want kijk, ons gezin valt nu wel uit elkaar. Ik ben nu bij haar weg. Zij heeft ons echte thuis, en ik heb mijn tijdelijke thuis, hier in de straat. Zo kunnen we allebei even een balans opmaken, weegschaaltje erbij, gewichtjes erop, en kijken wat er moet gebeuren. En het zal heus niet makkelijk worden, aan de ene kant niet omdat we samen kinderen hebben, maar ook omdat ik echt van haar hou, maar echt!'

Hij ademde even, kort en krachtig, alsof hij een hijs van een sigaret nam, en pakte toen de draad weer op – inmenging van mijn broertje of mij in het gesprek was niet nodig, dit was een soort gemeenschappelijke monoloog.

'Omdat ik echt van haar hou kan ik haar laten gaan. Eigenlijk kan ik haar nu het mooiste geven wat er is; vrijheid. Ik heb namelijk altijd, al die jaren, gedacht dat er iets was, en het mooie is: nu weet ik wat het is. En daar ben ik blij mee, en dankbaar ben ik dat ik haar die vrijheid kan geven om echt haarzelf te worden. Want dat is toch echte liefde? Dat je iemand helpt om zichzelf te zijn en dat het niet om jou draait maar om de ander en dat je die ander onvoorwaardelijk steunt?'

Wederom was het stil, maar dit keer met een andere reden. Deze man had een stoomcursus 'houden-van' gegeven en daarmee genoeg stof tot nadenken opgediend voor deze wandeling en de vele volgende.

Geen idee waarom ik nu opnieuw aan dit voorval moet denken. Maar dat vind ik niet erg; ik ben er blij mee dat mijn hoofd is ingericht als een soort achtbaan en er vanuit het niets, via een looping of een kurkentrekker, een herinnering naar voren kan worden geschoten die me op andere plekken brengt dan die waar ik op dat moment daadwerkelijk ben.

Hond Bril heeft inmiddels een zwaarmoedige tak in haar bek, kaliber die-moet-je-niet-op-je-teen-laten-vallen.

'Wat vind jij ervan, jochie?' vraag ik Hond Bril.

Ze kijkt even op en wiebelt trots met haar kop om zo haar boomtak te laten zien.

'Dat vind ik ook lieverd, we gaan terug.'

In het schijnsel van de zakkende zon maak ik met hout uit de wintervoorraad de buitenhaard aan. Die lijkt op een pizzaoven en tegelijkertijd is het een kasteelachtige plek om op te kunnen warmen. Het geeft me een fijn gevoel om zo'n groot vuur te hebben, een vuur dat door al het steen en beton van de haard keurig in bedwang wordt gehouden. De pook ligt er rustig naast, maar heeft ook iets weg van een slang; alsof ze de boel in de gaten houdt en zal ingrijpen zodra ze vindt dat het vuur te lui wordt.

Op de boomschorsgrijze houten tafel ligt een dik rechthoekig pakket, gelig van kleur, alsof het bij kettingrokers in de woonkamer heeft gelegen. Op het etiket staat:

WOBIE
AMSTERDAM
ROZE BRIEVEN

Een pakket vol met Roze Brieven. Brieven van, uit, voor en aan de Roze Gemeenschap. Het voelt alsof ik een diadeem van koningin Elizabeth mee naar Zweden heb genomen en nu niet meer goed weet wat ik ermee moet. Bijzonder, kostbaar maar ook fragiel.

Het pakket zomaar openen voelt vreemd. Door de brieven te lezen zal ik honderden persoonlijke levens instappen. Mensen ontmoeten die ik niet ken, van wie ik de gezichten niet voor me zie, maar van wie ik wel de diepste gevoelens mag aanschouwen. Alsof je een portret van iemand maakt maar alleen de kleuren vangt en niet de contouren.

Een paar weken eerder had ik midden in de nacht mijn uitgever gebeld. Hoe laat het precies was weet ik niet meer, maar aan het begin van de avond had ik een roze kaars aangestoken, en die was inmiddels weggesmolten. Alsof de kaars de lift had gepakt en zo verdieping na verdieping naar beneden was gezakt. Zonder na te denken had ik mijn mobiel uit de oplader gegrist en het nummer ingetypt. Het kwam door een brief die ik die avond in de brievenbus had gevonden en nu op mijn bureau lag.

'Wobie, hé, wat leuk, wat bel je laat.'

'O ja, is dat zo? O sorry, nou ja, ik heb een idee, of iets wat in m'n hoofd zit, en ik dacht, ik bel je meteen, dan weet ik direct of ik het uit mijn hoofd moet zetten, of dat je zegt: ja, dat moeten we doen.'

Het was even stil, een slok water werd doorgeslikt, waardoor de stem aan de andere kant van de lijn in één teug een stuk helderder klonk.

'Nou vertel, wat is er?'

'Ik heb hier een brief liggen van een moeder, een moeder van een kind. Haar zoon was eerst haar zoon maar bleek niet haar zoon te zijn. Haar zoon is een dochter...'

Ik liep naar de gordijnen en schoof ze zachthandig opzij, als een modeontwerper die zijn stoffen inspecteerde voor een nieuwe collectie; het startpunt van een nieuwe fantasiewereld. Buiten was het donker, zag ik, echt donker. Zelfs de maan leek te twijfelen over haar aandeel in deze nacht. Terwijl ik naar de slapende straat en het rustende plein keek dacht ik aan het gesprek dat ik een paar weken daarvoor met de man bij het Multatulibeeld had gevoerd. Ik vroeg me af hoe het met hem zou gaan en of hij nu ook wakker was: nadenkend over welke kant hij zijn leven op diende te sturen.

'...een prachtige dochter op wie ze trots is,' ging ik verder. 'Ze heeft haar dochter begeleid, leren lopen op verschillende manieren, en nog even en dan kan ze volledig zelfstandig door de wereld gaan huppelen. Ze heeft haar dochter de kans gegeven om echt zichzelf te worden, ondanks druk van buitenaf, opmerkingen vanuit de omgeving of gedoe bij derden. Enfin, je begrijpt. En ik dacht: ík leer van die verhalen, maar die kunnen ook fijn zijn voor ánderen. Deze verhalen en ervaringen verdienen het toch niet om in de lade van een kastje te verdwijnen? Ze moeten niet ín een lade liggen maar óp het kastje. Op het nachtkastje bijvoorbeeld!'

En daar zit ik nu naar te kijken. Naar het resultaat van dat telefoontje. Mensen hebben massaal geschreven na de oproep om een eigen Roze Brief in te sturen, en nu ga ik ze lezen. Hier in Zweden, losgeknipt van de rest van de wereld.

Ik aarzel even, kijk om me heen en zie dat een van de bomen aan de rand van het grasveld tot speeltuin van twee eekhoorns is geworden. Ze zitten elkaar achterna, die eekhoorns, alsof ze tikkertje spelen. Ze rennen van de top van de boom naar beneden, tot aan de wortels, en vervolgens weer van de wortels naar de top. Maar dat doen ze niet in een rechte lijn; ze cirkelen achter elkaar aan – als de schroef van een kurkentrekker.

Ik kijk nog verder om me heen en zie dat ik een Sneeuwwitje-tuin heb. Bomen, planten, bloemen lijken met elkaar in gesprek te zijn, zoals mensen op een borrel dat doen. Als je goed kijkt, zie je niet alleen dat de bloem wuift, dat de boom knikt en dat de struik schudt; als je goed kijkt, zie je ook dat er vogeltjes dansen. Koolmeesjes zijn voor even balletdanseressen; een *Zwanenmeer* wordt opgevoerd.

In de andere bomen zie ik ook vogels zitten. Kleine vogels die om de beurt de stilte onstil maken. Een felgekleurde vlinder stijgt op vanaf de dakgoot en laat zich zachtjes meedrijven op de wind.

Ik kijk opnieuw naar de gelige envelop en weet dat

de twijfel weg is; in dit Sneeuwwitje-landschap mag ik het pakket openmaken. Ik peuter aan het karton en ontdoe de brieven langzaam van hun beschutting.

Beste Wobie,

Starend naar de televisie kwam ik jou opeens tegen. Vertellend over het boek dat je had geschreven. Mijn lichaam maakte vanbinnen een sprongetje toen me duidelijk werd waar je boek over ging. De volgende dag fietste ik meteen naar de plaatselijke boekhandel. En ja, daar lag het! Met oplopende zenuwen rekende ik het af, want wat zou de mevrouw achter de kassa van mij denken? Ik voelde me betrapt maar tegelijkertijd ook heel erg blij toen ik de winkel uit liep. Alsof ik een lot uit de loterij had gewonnen.

Thuis legde ik het boek op een veilige plek, waar niemand het kon zien. Vanaf die avond begon ik mijn reis door jouw verhaal, wat eigenlijk steeds meer mijn verhaal werd. Het was alsof ik mijn eigen jeugd herlas. Ik heb gehuild. Tijden heb ik mij alleen gevoeld, maar mede door jouw verhaal besefte ik dat ik niet alleen ben. Er zijn veel meer mensen die net als jij en ik een reis naar zichzelf afleggen, vaak met een hele hoop hobbels op de weg.

Toen ik klein was voelde ik me nooit anders, ik speelde met auto's, klom in bomen en verzamelde insecten. Maar naarmate ik ouder werd merkte ik dat ik wél anders was, niet voldeed aan de norm. Voor mij was het alleen volstrekt onduidelijk waarom ik niet aan de norm voldeed, want wat was die norm dan? Steeds sterker kreeg ik het gevoel dat ik niet zoals anderen was. En ergens had ik daar wel vrede mee. Het maakte me weinig uit wat mensen van me vonden. Maar waarom ik in hun ogen anders was, dat snapte ik niet.

Pas een paar jaar later werd me duidelijk wat anderen al jaren eerder aan me hadden gezien. Ik werd verliefd op een meisje. Hoewel dit gevoel compleet nieuw voor mij was, vielen er steeds meer puzzelstukjes op hun plek. Vanaf dat moment begon de reis pas echt.

'S Avonds speurde ik het hele internet af. Elke coming-outvideo op YouTube heb ik bekeken. Een wereld ging er voor mij open, maar mijn gedachten gingen dicht. Ik liep en loop soms nog steeds in een donkere grot vol met gedachten, zonder dat ik de uitgang kan vinden. Want wat zouden mensen van mij denken als ik ze vertelde dat ik op mannen en vrouwen, en alles daartussenin, val? Hoe vaak komt het wel niet in het nieuws dat homo's worden geslagen of geschopt op straat?

Ik raakte verdwaald in een tunnel zonder licht aan het eind, alleen. Tegen iedereen deed ik alsof alles normaal was, ik praatte heel veel maar zei eigenlijk niks. In mijn hoofd was het één grote chaos. Het gesprek ging steeds minder vaak over mijzelf, bang dat mensen erachter zouden komen. Juist daarom begon ik mezelf ook steeds minder leuk te vinden, want wat walgde ik ervan dat ik zo poppenkast speelde. Van mensen die je niet leuk vindt kun je weglopen, maar van jezelf kan dat niet. En dus bleef ik zitten met mezelf en mijn gedachten. Al mijn gedachten schreef ik op, en dat doe ik nog steeds, alsof ik het toch aan iemand vertel, maar de enige die ze leest ben ik. Soms lucht het op, zeker toen ik er nog niet met iemand over kon praten.

Heel even kijk ik op. De Sneeuwwitje-tuin is tot stilstand gekomen; de eekhoorns spelen niet langer, de vogeltjes fluiten en dansen niet meer, zelfs het vuur houdt zich gedeisd. Ze lezen allemaal mee met de brief.

Een keer of twintig heb ik geprobeerd het aan een vriendin te vertellen, maar het voelde vooral als aandachtzoekerij. Uiteindelijk vertelde ik het haar toch, en ik had me geen betere reactie kunnen wensen. Het was een hele opluchting, alsof ik één dubbelleven minder had. Het was geen aandachtzoekerij, merkte ik, het was iets van mij dat ik graag met haar wilde delen, omdat ik dan pas echt mezelf kon zijn. Na deze eerste grote stap durfde ik het steeds meer vrienden te vertellen. Steeds vaker zag ik licht aan het eind van de tunnel. Het is echt een verademing om niet angstvallig te hoeven letten op wat je zegt en gewoon mee te kunnen praten in gesprekken over liefde en zo.

Soms zak ik nog weleens weg in mijn donkere gedachten, ben ik weer even verdwaald in deze tunnel en wil ik alleen maar dat ik mijn gedachten kan stoppen. Dan denk ik aan alle keren dat vrienden zo goed en lief reageerden toen ik het vertelde, en dat geeft mij kracht. Ik hoop dat iedereen zulke fijne vrienden om zich heen heeft, zodat je echt jezelf kunt zijn, want dat heeft mij gesterkt. Het leven is pas echt een feest als je zelf de slingers ophangt!

De grootste hobbel die nog moet worden genomen is het uit de kast komen tegenover mijn ouders en zusjes. Hoewel ik dit misschien wel honderd keer heb geprobeerd, blijft mijn mond dicht. Maar hoe meer ik erover lees, praat en hoor, des te meer vertrouwen ik in mijzelf krijg om het toch te vertellen. Want het wordt altijd beter, iets wat ik ook door jouw verhaal heb meegekregen.

Bedankt!

Anne

Een kleine glimlach verschijnt op mijn gezicht. Langzaam merk ik dat mijn fantasie de lege stoel aan de andere kant van de tafel opvult – Anne schuift aan. Eerst duwt ze voorzichtig de stoel naar achter, maar dan gaat ze zelfverzekerd zitten; ze weet dat ook zij, in al haar verschijningsvormen, in al haar facetten, in al haar twijfels een plek aan de tafel verdient. Aan deze tafel, en aan elke tafel. We kijken elkaar lang aan en moeten glimlachen.

'Ik hoop,' fluister ik, 'dat je een bijzonder moment vindt om het ook thuis te vertellen, want dan kun je écht thuiskomen.'

De natte neus van Hond Bril tegen mijn hand haalt mij terug uit mijn fantasie. Alsof ze een knopje heeft ingedrukt en me zo weer naar het hier en nu heeft gehaald. Na de wandeling was ze stoer op de veranda gaan liggen, als een echte waakhond. Maar stiekem weten zowel Hond Bril als ik dat ze daar niet echt geschikt voor is; deze dagen houdt ze nog geen drie minuten het waken vol – dan vallen haar ogen langzaam dicht en zakt haar hoofd tussen haar poten naar de grond en belandt ze in hondendromenland.

'We gaan zo spelen,' zeg ik tegen Hond Bril, 'maar eerst ga ik nog lezen.'

Vanuit het gelige pakket haal ik voorzichtig een tweede brief tevoorschijn. Ergens voelt het alsof ik een edelsmid ben die velletjes bladgoud tevoorschijn haalt; het briefpapier lijkt breekbaar, maar is tegelijkertijd ook betoverend en prachtig.

Vlak voordat ik duikplankachtig een nieuw leven in plons haal ik diep adem, om vervolgens te springen.

Hilversum, 31 juli 2020

Beste Wobie,

Wat mij het meest trof in je boek was een uitspraak van de moeder van Wobie: 'Je weet dat wij alles oké vinden, hè?'

Dat zinnetje is een handreiking, gedaan met de beste bedoelingen, maar over een afstand die nog te groot is. Zoiets kan soms voelen alsof je een nachtvlinder bent die tegen een lamp aan vliegt en niet kan ontkomen. Ineens ben je daar in het volle licht gezet en is het podium helemaal voor jou alleen, maar je weet niet hoe snel je weer weg moet komen. Het is een uitnodiging te zwaar om aan te nemen.

Achter één zo'n zinnetje kan de remmende voorsprong schuilgaan die een fijne, comfortabele omgeving je biedt. Waarin het desondanks toch niet lukt om te glinsteren en te schitteren zoals je zelf zou willen. Ook al gunt iedereen je dat ten diepste en van harte.

In mijn geval leek dat althans zo te zijn. Op school bijvoorbeeld, waar een derde van het lerarenkorps anders was en in sommige gevallen letterlijk zingend en dansend door de gangen ging.

Alleen was dat een soort microkosmos, zo beschermd als een natuurgebied. De stap om op de stip te gaan staan, midden in de wereld als het ware, een plek waarvan je niet weet wat je ervan moet verwachten, die stap wordt zelfs dan niet in één keer gezet.

Vaak als ik zelf in dat felle licht kwam te staan, heb ik ter verdediging geroepen dat het voor mij geen issue is. Maar zo zat het natuurlijk niet. Zelfs al was er niemand te bekennen, op school, thuis, om ergens een punt van te maken, toch hield het me bezig.

Om me zo lang mogelijk niet te hoeven uitspreken verzamelde ik in de loop der tijd een arsenaal aan sarcastische opmerkingen. Altijd iets bijtends achter de hand houden, klaar om af te schudden. Bij vlagen schoot ik van de weeromstuit uit richting onaardigheid: het allereerste wat ik tegen een nu goede vriendin zei was dat ze maar een raar hoedje had.

De drempel lag voor mij hier: dat als ik zou zeggen wat ik was, ik voldeed aan wat anderen dachten. Dat ik in het plaatje paste, dat ik een beeld invulde dat ik niet zelf had gekozen. Zij hadden dat beeld al voor me klaarliggen. Maar dat is allemaal achterafgepraat.

Het werd uiteindelijk toch iets met een briefje. En het werd beter. Intussen ben ik allang veranderd van een nachtvlinder in iets als een mooie atalanta (al zeg ik het zelf). Alles goed en wel.

'Dat hadden we wel verwacht,' was een van de reacties. Ik had er nooit meer bij stilgestaan, tot ik niet zolang geleden weer eens iets hoorde dat erop leek: 'Dat hadden we van hem altijd al gedacht.' Het was even stil aan tafel. Dit is het dus: de lamp waar iemand je onder kan zetten, de ogen waarmee je wordt bekeken, het moment voor je coupletje en je refreintje. Kijk, denk ik nu, de clichés waarmee iedereen altijd weer aankomt zonder ze uit te spreken. Past het niet op je, dan word je er wel naast gelegd als aan een meetlat, met alle vooroordelen van dien. Ja, iemand kan het wel 'altijd al hebben verwacht', maar had die iemand er dan niet zelf over kunnen beginnen als-ie het zozeer vooraf heeft zien aankomen?

'Zou er weleens iemand zijn geweest die na een lange aanloop eindelijk zegt hetero te zijn en dan moet horen dat dat altijd al werd gedacht?' werd er gevraagd. Het was een uitgestoken hand over tafel, een retorisch gebaar, met de beste bedoelingen: *Wij zijn daar oké mee, hè.* Maar de afstand was nog groot.

Groetjes,
Marko van der Wal

Lieve Wobie,

Als je eenentwintig bent denk je jezelf inmiddels goed te kennen. Ik wel althans. Ik was verhuisd van Rotterdam naar Amsterdam, had hier mijn studie bijna afgemaakt en bovenal had ik in mijn ogen een fijne groep mensen om me heen verzameld die ik trots 'mijn vrienden' kon noemen. Ik stond op het punt om een halfjaar stage te lopen in Tel Aviv in het land van mijn voorouders, toen er iets veranderde. Ik leerde haar kennen en binnen de kortste keren merkte ik dat onze vriendschap niet 'gewoon' was. Wij konden uren, nee, dagen, weken, maanden, praten alsof de tijd niet bestond. Vol ongeloof spraken wij dit tegenover elkaar uit; zij viel reeds op meisjes, maar ik? Aan de vooravond van mijn vertrek werd me duidelijk dat ik opgelucht was dat ik deze beklemmende situatie voor zes maanden mocht verlaten. Dit hoorde toch niet bij mij? Zo was ik toch niet? Wat had ik toch?

De weken verstreken en waar ik in eerste instantie had geloofd dat mijn gevoelens zouden afzwakken, bouwden onze eindeloze gesprekken bruggen in afstand en tijd. Onze eerste kus in Amsterdam, haar bezoek aan mij en ons eerste weekend samen, de afwisseling tussen intense liefde en stress. Mijn lichaam en gedachten leken elke dag opnieuw te worden geboren en af te sterven tegelijk.

Mijn terugkeer naar Nederland markeerde het einde van wat achteraf het roze begin zou blijken. Ik had mijn ervaringen en gevoelens tot die tijd geheel voor mijzelf gehouden. Hoewel die periode al met al nog geen jaar bestreek, voelde het als een gewicht dat niet meer te dragen viel.

Ik vertelde mijn zus en mijn vrienden erover en hoewel zij verrast waren door het nieuws, met name over het feit dat ik voor het eerst in lange tijd weer verliefd was geworden, werd mijn verliefdheid enthousiast ontvangen.

Bij de wat minder intieme vrienden kwamen er iets andere reacties: 'Je maakt een grapje toch? Maar jij valt toch helemaal niet op vrouwen? Maar je bent zo meisjesachtig?'

En toen kwam de mokerslag, mijn ouders: 'Dit is toch niks voor jou? Niemand in de familie is lesbisch. Wat zullen onze vrienden hiervan denken? Ik vind het verschrikkelijk.'

Weken verstreken en elk onderwerp bespraken we thuis liever dan mijn zoektocht naar de acceptatie van mijn liefde. Ik heb mij nog nooit zo eenzaam gevoeld als in die tijd. Eindeloze gesprekken met mijzelf, haar en mijn vrienden. En tranen in een hoeveelheid die niet in oceanen is uit te drukken.

Mijn gevoelens gingen kopje onder en ik ging mee. Achteraf bleek dit overduidelijk een gebrek aan zelfacceptatie. Ik voldeed niet meer aan de verwachtingen die ik voor mezelf had gebouwd. Wat was er toch met mij? Ik was niet zo, ik ging met jongens, ik kende mezelf toch, wat gebeurde er, hoe zouden ze over me denken, maar er was toch niks mis met gay zijn, ik was niet gay, ik was gewoon verliefd, dit ging toch wel over, waarom genoot ik zo van haar liefde?

Maar onder die gedachten was één de winnaar: *houden mijn ouders nu ook nog wel van mij?*

De stilte tussen mijn ouders en mij was oorverdovend, allesomvattend en wellicht fataal. De liefde ging kapot, ik maakte haar kapot en zij mij. En ondanks alles heeft zij mij ook gemaakt. Ik ben in staat dingen te voelen, horen en zien die ik voorheen niet zag. De levensles die ik putte uit deze ervaring: blijf praten, want het wordt je vaak zo moeilijk gemaakt dat het niet alleen te verwerken is.

Liefs,
Y.

Ik kijk op. Niet alleen de wereld om me heen, maar ook de wereld in mijn hoofd is stil geworden; alsof alles en iedereen op een bank of op een stoel is gaan zitten om na te denken. In mijn hoofd vliegt een zin van Marko in het rond; dat hij zich een nachtvlinder voelde die in het volle licht werd gezet. Gelukkig is hij nu een zelfgekozen dagvlinder. Zijn eigenzinnige kleuren zonder schaamte tonend aan de wereld om hem heen. En terecht.

Ik haal diep adem en kijk naar de brief van Y. Haar brief doet me denken aan een vriendin uit Amsterdam die een soortgelijk gevecht met haar ouders heeft moeten leveren. Ze was altijd stralend geweest, maar in die periode leek het alsof een dikke laag stof over haar heen was gevallen. En hoe goed er ook werd geboend, welk doekje of welke stoffer er ook werd gepakt, de grijze stofwolk bleef om haar heen hangen.

Op een avond belde ze me vanuit de auto, op de

snelweg tussen Rotterdam en Amsterdam.

'Dag lieverd,' zei ik na een lange stilte. Op de achtergrond hoorde ik de A3 zoemen. Auto's gevuld met levens raasden aan haar voorbij.

'Dag lieve lieverd,' herhaalde ik na een poos. Onze ademhalingen waren de enige elementen van ons gesprek. Zij had onrustige ademstoten. Hakkerig; alsof ze met een hark een grindpad recht probeerde te strijken, maar merkte dat ze niet alle kiezelsteentjes op één lijn kon krijgen. Met mijn ademhaling probeerde ik haar rustig te krijgen. Lange teugen, rustig, heen en weer gaand zoals de groene slierten van een treurwilg doen als het zachtjes waait.

Op de achtergrond hoorde ik het getik van de alarmlichten, het klonk als een vertraagde klok. De auto gaf oranje signalen af, zodat andere bestuurders wisten dat ze moesten oppassen en eromheen moesten rijden. De auto maakte zichtbaar wat bij mijn vriendin vanbinnen gaande was; dezelfde waarschuwingslichten zaten ook in haar lichaam. In mijn hoofd zag ik haar zitten achter het stuur, terwijl ze als een lamp aan- en uitging; licht dat aanzwelt, uitdooft en vervolgens weer aanzwelt.

Een klein gekraak volgde, waarna de auto hoestend weer tot leven kwam.

'Lieverd, ik zie je zo om halfelf bij mij,' zei ik tegen haar. Ik wilde niet dat ze een keus had, ze moest komen. Soms moet je mensen niet vragen wat ze willen maar ze geven waar ze niet om durven te vragen.

'Oké,' hoorde ik haar zachtjes zeggen.

‘Rijd voorzichtig lieverd, niet haasten, niks heeft haast, gewoon voorzichtig rijden en dan zie ik je zo.’

Ik bestelde sushi – drie veel te grote schalen, ik wilde dat ze uit alles kon kiezen. Ondertussen stak ik alle kaarsen in mijn kamer aan; een vuurzee verlichtte en verwarmde de ruimte. De gordijnen die mijn uitzicht op een Amsterdams plein omlijstten sloot ik voor de helft; vanavond moest de buitenwereld buiten blijven en alleen de binnenwereld bestaan. De kerstlichtjes aan het plafond en rondom de bank stonden al aan, ik kreeg het gevoel dat ik eigenhandig de kerstdagen naar voren had gehaald. In de keuken controleerde ik of er roze champagne koud stond. Het was een vreemde gewoonte die ik ontwikkeld had; er moest altijd roze champagne in huis zijn, maar nu begreep ik dat ook de vreemdste gewoontes een doel dienden.

Zelfs de deurbel klonk onzeker, alsof die een verlengstuk was geworden van de emoties van de aanbeller. Ik liep naar beneden om de deur hoogstpersoonlijk open te doen. In haar gezicht zaten twee werelden verstopt en ik vroeg me af welke ze als eerste naar voren zou laten komen. We gaven elkaar een knuffel.

Op de bank merkte ik dat ze koos voor de wereld van de make-up. Ze stelde vragen, vertelde over de studie, over wat ze deze week allemaal ging doen. Ze had het niet over datgene wat zo duidelijk ook in haar hoofd, lichaam en gezicht aanwezig was. Ik voelde dat ik geduld moest hebben, haar op haar eigen moment de woorden, komma's en zinnen moest laten zoeken die ze nodig zou hebben om haar emoties vrij te laten.

Na middernacht begon ze over haar ouders. Haar ouders hadden haar nieuwe verliefdheid niet geaccepteerd en hoewel ze zei dat dat haar niet uitmaakte, vertelde haar lichaam dat ze niets liever wilde dan een moeder en vader die haar nieuwe liefde trots zouden ontvangen. Ze vertelde alles aan een stuk door. Ze had dit onderwerp als een pingpongbal onder water willen drukken, maar nu had ze het losgelaten en had de bal razendsnel zijn weg terug omhoog gevonden, om zich vervolgens nooit meer onder water te laten drukken.

Ik moet glimlachen, ik ben weer terug in Zweden. Het was een bijzondere avond, toen, en ik moet glimlachen omdat ik weet dat ze heeft gewonnen. Gewonnen van de vooroordelen, van de reacties en van de afwijzing. In mijn oor hoor ik opnieuw de zin die ze die dagen tegen me uitsprak.

'Weet je, Wobie,' had ze gezegd, 'wat mensen er ook van vinden, ik ben gegroeid in mijn gevoel, heb iets nieuws geleerd en gezien, maar bovenal, dat vind ik het meest bijzonder' – en ze haalde rustig adem, haar waarschuwingslichten waren voorgoed gedoofd, haar onrustige ademstoten gestopt en de pingpongbal duwde ze niet meer onder water – 'ik ben een vrijer mens geworden.'

Lieve halmeoni, grootmoeder,

Het Koreaans kent meerdere spraakniveaus voor verschillende mensen en situaties, maar ik ben opgegroeid in een land waar dijken de enige bergen zijn en de taal vooral direct is, dus ik kies maar voor een informele aanspreekvorm. Ik heb je in een andere brief al wat over mezelf verteld, maar niet te veel omdat het Fiom dat afraadde. Ik schreef dat ik blij ben dat wij – mijn broer, zus en ik – je hebben gevonden, na al die jaren waarin we niet wisten of er in Zuid-Korea nog biologische familieleden in leven waren. We hebben lang gewacht met zoeken, misschien omdat we bang waren voor een teleurstelling of afwijzing. Maar nadat mijn zus in januari de aanvraag voor een zoekactie indiende bij het Fiom kregen wij in juni al het bericht dat je nog leefde en dat je ons al die jaren erg hebt gemist. Inmiddels hebben wij brieven van jou en van broers en zussen van mijn overleden biologische moeder gekregen en wachten we op de vertaling.

Dit is de brief die ik had willen schrijven.

Ik groeide op in een dorp in de Biblebelt, waar ik opviel als een van de weinige kinderen met een buitenlands uiterlijk en dat was moeilijk. Het waren de jaren negentig van de vorige eeuw en terwijl de vrijzinnigheid van Nederland werd gevierd in liedjes als 'Vijftien miljoen mensen', merkte ik daar zelf helaas weinig van. In het dorp was ik ook anders omdat ik in jongens was geïnteresseerd. Lange tijd kon ik dat niet onder woorden brengen omdat er in mijn omgeving werd gezwegen over homoseksualiteit. Op mijn twaalfde of dertiende keek ik stiekem naar een videoclip waarin dragqueens dansten. (We hadden wel een tv, maar we mochten alleen naar christelijke programma's kijken.) Wat is dat eigenlijk, vroeg ik aan een vriendje, die ook niet veel meer wist dan ik. Hij zei dat het 'homo's' waren en legde toen uit wat het volgens hem betekende: mannen die het met mannen doen. Dat vond ik zo exotisch klinken dat ik nooit had kunnen bedenken dat ik daar zelf misschien bij hoorde.

In diezelfde tijd had ik weleens een foto van naakte vrouwen gezien. Ik weet nog dat ik het vreemd vond dat ik daar niet opgewonden van raakte, maar ook daar trok ik geen conclusies uit. Wel begon ik me af te vragen wat er met me aan de hand kon zijn. Dit lijkt wereldvreemd – en dat was ik ook – maar in ons dorp bestonden simpelweg geen homoseksuele mannen of vrouwen en biseksuele of transgender personen. Natuurlijk waren ze er wel, maar ik zag ze niet omdat er niet over werd gepraat. Niet door mijn ouders, niet op de lagere school, niet in de kerken die we bezochten en zelfs niet op de seculiere tennisvereniging waar ik een tijd lid van was. Pas op mijn vijftiende of zestiende, toen ik op een middag spijbelde van school en in een boekhandel toevallig de *sQueeze*, een homoblad, opensloeg wist ik het. Ik ben gay.

Eerst voelde het als een bevrijding. Al die jaren wist ik dat er iets met me was en nu kon ik het voor het eerst een naam geven. In de openbare bibliotheek, waar ik vaak kwam, ging ik in een toen nog papieren register op zoek naar boeken. Ik las jeugdboeken als *Wel kleur bekennen* en *De dagen van de bluegrassliefde*, die me lieten zien dat er niets mis mee is om als jongen op andere jongens te vallen. Ik mag de woorden dan zijn vergeten, maar het moment waarop een priester in het eerste boek iets moois, iets geruststellends tegen de homoseksuele hoofdpersoon zegt, is me altijd bijgebleven.

In de bovenbouw van mijn middelbare school liet de godsdienstleraar zich één keer denigrerend uit over homoseksuelen en alle leerlingen bleven ongemakkelijk stil. Er was slechts één meisje dat protesteerde. Verder kwam het ook daar nauwelijks ter sprake. Een paar jaar geleden sprak ik op

Facebook een andere klasgenoot uit die tijd die nu een lesbische relatie heeft. We waren beiden niet-heteroseksueel maar al die jaren dat ik bij haar in de klas zat wisten we het niet van elkaar. Ik besloot om mijn geaardheid te verzwijgen op die school; een beslissing waar ik geen spijt van heb. Het was – en is waarschijnlijk nog steeds – geen veilige omgeving voor LHBTI+'ers.

Vanaf mijn zestiende heb ik het geleidelijk verteld. De reacties waren gemengd maar niet extreem. De meeste mensen vonden het vooral lastig om erover te praten.

Hoewel ik opgroeide in een omgeving waarin het niet gemakkelijk is om homoseksueel te zijn, heb ik er zelf weinig moeite mee gehad. Eerst was ik vooral opgelucht en later dacht ik dat ik het wel aankon, het homoseksueel zijn. Waar ik altijd meer moeite mee had (en nog steeds heb) is geadopteerd te zijn, geen ouders te hebben die op mij lijken. Aziatisch te zijn in een witte omgeving, geen wortels te hebben in dit land. Toen ik studeerde sprak ik weleens jongens uit fijne, niet-religieuze gezinnen die toch erg met zichzelf in de knoop hebben gezeten. Ik vond dat toen lastig om te begrijpen; zij hadden zoveel meer meegekregen dan ik. Maar vreemd genoeg ben ik in mijn jeugd niet vaak blootgesteld aan negatieve opmerkingen over homoseksualiteit. Misschien heeft het stilzwijgen mij daartegen beschermd, hoewel ik daar niet te naïef over wil zijn. Er was vast homofobie in mijn omgeving, maar mijn antennes waren altijd gericht op racisme en niet op andere vormen van discriminatie. Ook heb ik niet de hevige worsteling ervaren die sommige andere homoseksuelen uit een streng-christelijke omgeving hebben moeten doorstaan. Op de middelbare school nam ik alle religieuze geboden en vooral de verboden al niet zo serieus.

Toch denk ik de laatste tijd dat dit verhaal van zelfacceptatie niet helemaal klopt. Ik merk bijvoorbeeld dat ik het nog steeds lastig vind om aan mensen die ik nog niet goed ken te vertellen dat ik op mannen val. Verder doe ik weinig moeite om te daten en ik heb nog nooit een serieuze relatie gehad. Dat heeft er deels mee te maken dat ik mij niet altijd welkom voel in de voor Aziatische mannen zo onvriendelijke homoscene. Maar soms ontmoet ik leuke mannen die ik desondanks afwijs, bang als ik ben om mezelf open te stellen. Dat moet ergens vandaan komen.

Ik vraag me af of ik met jou over al deze dingen kan praten. De taalbarrière laat voorlopig geen diepgaande gesprekken toe, maar je zal je misschien afvragen waarom ik niet (met een vrouw) ben getrouwd. Zuid-Korea staat niet bekend als een voorloper op het gebied van homoacceptatie, maar ik moet bekennen dat ik het land en de cultuur niet ken. Ik ben onzeker over een nieuwe coming-out die mij misschien te wachten staat nu ik jou en andere familieleden heb gevonden. Daarom schrijf ik deze brief, de brief die ik had willen schrijven. Een brief om je te vertellen wat ik misschien niet kan vertellen. Ik zal hem voorlopig bewaren, als een testament van wie ik nu ben. En als een aansporing om niet bang te zijn, want ik heb al zoveel overwonnen.

Lieve groet,
Je teruggevonden kleinzoon,
Joost,
Jung-shik.

In mijn handen houd ik de brief voorzichtig vast. Alsof het van kwetsbaar glas is en het met een verkeerde beweging in duizenden stukjes uiteen kan vallen. In dit geval brengen scherven geen geluk.

Het raakt me dat hij aangeeft op twee manieren losgeknipt te zijn; losgeknipt van Nederland omdat hij zich anders voelde en te maken kreeg met racisme en discriminatie, en losgeknipt van zijn biologische familie. Alsof hij zonder navelstreng geboren is en daardoor moeilijk een veilig thuis kan vinden.

Ik denk aan zijn oma, aan hoe zonde het is dat er zulke grote afstanden tussen mensen kunnen ontstaan. Zulke grote afstanden – in kilometers, maar ook in culturele gewoontes – waardoor sommige zaken niet worden gezegd. Gesprekken die al voordat ze begonnen zijn als een brandende kaars worden uitgeblazen; alleen wat zoekende rookpluimen vinden een weg omhoog en verdwijnen in het niets.

Ik vraag me af hoe het zou zijn als zijn oma en ik samen op de maan zouden staan. Als we daar zouden staan, denk ik, zouden we zien dat die afstanden filterpapierdun zijn. We zouden zien dat we met z'n allen op een grote discobal rondhuppelen in een heelal zonder muziek. Misschien dat als we van daar zouden kijken, we zouden zien dat we het elkaar niet te lastig moeten maken.

Ik kijk nog een keer naar de brief, een brief die een lange reis tegemoet gaat en waarvan het de vraag is of hij ooit zijn eindbestemming zal bereiken. Het is een brief die niet gestuurd mag worden, omdat de inhoud van de brief nog niet gelezen mag worden. Ik vind het dapper en bijzonder van Joost, Jung-shik, dat hij de niet verstuurbare brief, tóch heeft verstuurd. Weliswaar nog niet naar zijn oma, maar hij heeft de brief wel al een stap naar buiten laten zetten. Alsof hij de brief over de deurdrempel heeft geholpen. Een klein duwtje in de goede richting. Nu begint een zoektocht naar een juiste postzegel om uiteindelijk de brief ook daadwerkelijk bij zijn grootmoeder op de deurmat te laten vallen. Want hoeveel mensen deze brief ook lezen, uiteindelijk is hij bedoeld voor één iemand. Zijn oma. Zodat hij écht helemaal haar kleinkind kan zijn.

Utrecht, 8 juli 2020

Beste Wobie,

Een paar maanden geleden kwam jij ineens voorbij. Mijn vader vertelde dat hij je had gezien in *De Wereld Draait Door*, en dat je een boek had geschreven over je coming-out. Hij suggereerde dat ik dat misschien maar eens moest lezen. Ik antwoordde gekscherend 'dat ik mijn eigen boek wel zou schrijven'. Met deze zinsnede hoopte ik het gesprek af te kappen, ik had even geen zin in dit onderwerp. Toch ben ik je op gaan zoeken op Instagram, heb ik de aflevering van *DWDD* teruggekeken en uiteindelijk heb ik besloten je boek te kopen. Ik liet het bezorgen op mijn kamer in Utrecht, zodat ik het op mijn gemak kon lezen, zonder het er per se met iemand over te moeten hebben.

Het boek bracht me terug naar mijn eigen struggles, mijn hersenspinsels, naar alle gedachten die me 's nachts wakker hadden gehouden. Het boek heeft me aan het denken gezet en in deze brief zal ik vertellen hoe.

Mijn naam is Ko, ik ben inmiddels twintig jaar oud en op kerstavond 2018 heb ik mijn beste vriendin verteld dat ik misschien wel op jongens val. Of nou ja, eigenlijk heb ik niks verteld. Ik had een klein beetje gezopen en ik nam haar even apart. Ik moest haar namelijk 'iets heel belangrijks vertellen'. Zij wist natuurlijk allang hoe laat het was en zei: 'Ko, doe dit maar als je nuchter bent.' Vervolgens overlaadde ze me heel eventjes met allerlei lieve woorden, waarna we besloten ons opnieuw in het feestgedruis te storten.

Nog diezelfde avond schreef ik een boodschap op een briefje en vouwde dat dubbel. Een aantal dagen later ging ik met dit briefje naar mijn vriendin toe. Links stonden de redenen waarom ik wel op jongens zou vallen en rechts stonden de redenen waarom dat niet het geval zou zijn. Alsof er sprake was van hogere wiskunde. We gingen naar de kamer van haar ouders. We zaten op het grote bed. Ik zat heel ongemakkelijk en nogal rechtop. Het angstzweet brak me uit. Als ik daar nu aan terugdenk begint mijn hart weer sneller te kloppen. Sommige van de punten op dat briefje durfde ik op dat moment niet meer voor te lezen. Daar was niks mis mee, want dat hoefde ook helemaal niet. Ik vertelde gewoon waar ik op dat moment aan toe was, niets meer, niets minder. Mijn vriendinnetje begon langzaam te huilen. Ze vond het verschrikkelijk dat ik hier al die tijd alleen mee had gezeten. Die avond vertelde ze me precies wat ik moest horen: dat ze het hartstikke stoer vond dat ik dit nu durfde te zeggen, dat er voor haar niks zou veranderen en, het allerbelangrijkste, dat ze me zou helpen om uit te zoeken welke kant van het briefje gelijk had.

We maakten een afspraak. Vanaf nu zou ik in percentages aangeven hoe zeker ik ervan was dat de linkerkant van het briefje gelijk had. Op dat moment zat ik op 50%, maar in de maanden daarna liep het percentage langzaam op. Door deze manier van communiceren voelde het niet als een zwaarbeladen onderwerp. Het was iets luchtigs, dat we tussen onze dagelijkse gesprekken even aankaartten. Gaandeweg kreeg ik steeds meer zelfvertrouwen. Op een gegeven moment deelde ik mijn twijfels ook met een andere vriendin. Ik vertelde haar over het briefje, de percentages en al mijn andere gedachten. Ook zij was zo'n verschrikkelijke kanjer. Ze luisterde aandachtig naar mijn verhaal en appte me bijna elke dag. Dit gaf me nog meer moed.

Ik stelde deze vriendinnen op de hoogte van elke ontwikkeling. Had ik een knappe jongen gezien in de trein, dan waren zij de eersten die het hoorden. Werd ik uitgescholden met 'homo', dan kon ik bij hen terecht. Op een dag stuurde ik ze mijn 'zegje'. Dat was een stukje tekst dat ik had opgesteld om voor te lezen als ik uit de kast zou willen komen. Bij dit zegje hoorde een lijst met iedereen die ik het persoonlijk wilde vertellen. Bovenaan stonden pa en ma. Zij moesten de eersten zijn die ik het écht zou vertellen.

Het links-percentage bleef maar stijgen en op een donderdagavond zat ik samen met pa en ma op de bank. Mijn broertjes en zusje lagen al op bed. Ik kon deze gelegenheid niet laten schieten. Ik trok de stoute schoenen aan en besloot het ze gewoon te vertellen. Terwijl *Floortje Naar Het Einde Van De Wereld* nog aanstond begon ik aarzelend mijn 'zegje' op te lezen. Pa en ma schrokken zich dood. Dit hadden ze niet aan zien komen, sterker nog, hier hadden ze überhaupt nog nooit echt over nagedacht. Ze probeerden heel snel te schakelen en spraken allemaal lieve woorden, maar toch bleef de verbazing overheersen. Daar was natuurlijk niks mis mee, want ik had er zelf jaren over gedaan om dit een plekje te geven, dus ik gunde ze ook wat tijd om het nieuws te verwerken. Na twee dikke zoenen vertrok ik naar boven om te gaan slapen. Vol trots appte ik mijn vriendinnen. Ze waren laaiend enthousiast en wilden alles weten.

De volgende dag moest ik heel vroeg richting studie. Toen ik eenmaal in de trein zat kreeg ik van pa en ma beiden een superlief appje. Net als ik konden ze hun gevoelens op dat moment beter opschrijven dan uitspreken. Sindsdien hebben we veel openhartige gesprekken gevoerd. Pa en ma dachten met me mee en gaven me advies. Ze adviseerden me over dingen die ik beter wel of juist nog niet kon vertellen en schiepen een realistisch beeld van mogelijke reacties die ik zou kunnen verwachten. Toch lieten ze de keuze om iets te doen of te laten altijd bij mij. Ze gaven me het vertrouwen en de moed om dit op mijn eigen manier te doen. Precies wat ik op dat moment nodig had.

Het had me heel erg opgelucht om mijn ouders te vertellen dat ik op jongens val, en al snel wilde ik het met meer mensen delen. Daarbij werkte ik het lijstje met vrienden af dat ik eerder had opgesteld. De ene na de andere moest het goede nieuws horen. Aan sommigen vertelde ik het apart, aan anderen vertelde ik het in een groep. Iedereen reageerde zo lief. Ieder op zijn eigen manier, maar lief. Mijn zelfvertrouwen had nog nooit zo'n boost gehad.

Ik denk dat ik daardoor ook een beetje overmoedig ben geworden. Zoals pa en ma al hadden voorspeld, zou het niet alleen maar leuk en makkelijk worden. In eerste instantie geloofde ik dat niet zo. Ik was er toch trots op en wat de rest van mijn omgeving ervan ging vinden zou me niks meer kunnen schelen.

Maar ik bleek toch moeite te hebben met ongepaste opmerkingen en rare vragen. Nieuwsberichten over homohaat bleven soms wel weken hangen. Het malen in mijn hoofd was niet van de ene op de andere dag gestopt. Ik lag 's nachts nog steeds wakker. Er was natuurlijk wel iets veranderd. Ik kon erover praten. Ik besprak niet ineens al mijn twijfels met iedereen, maar de gedachte dat die mogelijkheid er überhaupt was, dat was bijna onwerkelijk, zo fijn.

Men luisterde naar mij, gaf me soms een duwtje in de rug. Hoe klein de gesprekken soms ook waren, ze gaven me moed. Oma die ineens zei dat ik gewoon nog steeds Ko voor haar was. Mijn broertje die me toevertrouwde dat ik voor hem geen spat was veranderd. Op één zo'n opmerking kon ik soms wel weken teren. Zeker toen ik net uit de kast was gekomen werd ik overladen met lieve woorden door familie en vrienden. Maar ook maanden later kwam iemand er soms nog even op terug.

Gisteren had ik bijvoorbeeld nog een heel mooi gesprek met een huisgenoot. Ze vroeg voorzichtig of ik jouw boek al uit had en wat ik ervan vond. Ik antwoordde dat ik me heel erg herkende in Wobie. Natuurlijk vond ik het heel spannend om uit de kast te komen. Ik was nerveus voor de reactie van anderen. Toch wist ik diep vanbinnen misschien wel dat het goed zou komen. Ik wist dat mijn omgeving het misschien lastig zou vinden, maar dat ze me uiteindelijk toch wel zouden accepteren zoals ik was. Ik vertelde haar dat ik me heel erg herkende in de persoonlijke reis die jij hebt beschreven. Uit de kast komen is niet ineens makkelijk als je omgeving er niet zoveel moeite mee zal hebben. Ontdekken dat je homo bent, dat je anders bent dan je al die tijd hebt gedacht, dat je anders bent dan je op dat moment misschien wel zou willen, dat heb ik ook als het moeilijkste ervaren. Mijn huisgenootje vertelde dat ze het ontzettend knap vond dat ik er inmiddels zo open over kan praten. Dat ik dat gewoon had gedaan. Dat ze trots op me was. Op zulke avonden lig ik in bed en dan denk ik niet langer aan alle twijfels die ik had, maar aan alle lieve mensen die ik om me heen heb.

Na het lezen van *CONFETTIREGEN* is één woord me dan ook echt bijgebleven: *vriendinnenleger*. Toen ik dat las wist ik het. Deze ontdekkingsreis heb ik niet alleen gemaakt. Ik had nooit in mijn eentje uit de kast kunnen komen. Gelukkig hoefde dat ook niet. Ik had een heel (familie-, vrienden-, maar vooral een heel) *vriendinnenleger* dat altijd voor me klaarstond. Dat leger is zo ontiegelijk sterk, nee, daar wil je geen ruzie mee krijgen. Deze lui zijn kanjers van de bovenste plank. Echt jongens, meiden, bedankt! Zonder jullie had ik deze brief nooit kunnen schrijven.

Ik wil iedereen die dit leest daarom zo graag meegeven om je vrienden te koesteren. Trap lol met elkaar, huil met elkaar, word dronken en geniet samen van het leven. Terwijl je dat doet moet je elkaar het gevoel geven dat je, als er iets is, hoe klein dan ook, altijd bij elkaar terechtkunt. Je moet klaarstaan voor je vrienden en vriendinnen. Je moet er voor elkaar zijn, door dik en dun. Je hoeft niemand uit de kast te trekken. Je moet er gewoon voor zorgen dat iemand weet dat hij altijd bij jou terechtkan, hoe dan ook. Als iemand dan ergens mee zit, als iemand worstelt met zijn geaardheid, als iemand zich onzeker voelt of als iemand gewoon zijn hart moet luchten, dan zal diegene vanzelf naar je toe komen.

Iedereen heeft recht op een *vriendinnenleger*. Soms is één soldaat al genoeg. Jij kunt er dus misschien al in je eentje voor zorgen dat iemand niet langer alleen de strijd hoeft aan te gaan.

Met vriendelijke groet,
van Ko

Ik zit dan misschien wel in Zweden, naast Hond Bril in het gras tussen de bloemen, die als gestrooide pepernoten over het veld lijken te zijn verspreid, maar Ko brengt me met zijn brief terug naar de pauzes en de tussenuren van de middelbare school. Hoe verder ik wegdrijf van die tijd op de middelbare school, hoe meer ik er juist naar verlang. Maar ik weet dat het niet meer terugkomt. Nooit niet. Terwijl het zo'n bijzondere periode was: een situatie waarin je elke dag met al je vrienden en vriendinnen bij elkaar bent en in hetzelfde ritme zit. Nu begrijp ik waarom mijn ouders toen altijd zeiden: 'Geniet er nou maar van.'

Met mijn hoofd ga ik op de grond naast Hond Bril liggen. Grassprieten buigen als armhaartjes tegen mijn wang.

Ik denk aan dat briefje dat Ko bijhield, dat lijstje met redenen waarom hij wel of juist niet op jongens viel. Dat zijn vriendinnen daarin meegingen vind ik mooi. Het doet me denken aan mijn eigen vriendinnenleger. Een leger dat niets verwoest, maar juist creëert. Dames die meespeelden in mijn zelfverzonnen toneelstukje, waarin ik stap voor stap de waarheid onder ogen mocht komen die zij allang zagen. Sommige van die vriendinnen zie ik nu helaas niet meer, maar ze zitten nog elke dag in mijn hoofd. Waar ik ook ga, ze lopen altijd met me mee.

Met mijn hand zoek ik in mijn linkerbroekzak. Als het goed is zit daar een briefje. Ik heb het gisteravond tijdens het inpakken van mijn koffer in mijn zak gestoken omdat ik het fijn vond om bij me te hebben. Het is een briefje van Liesje. Zo heb ik altijd en overal een stukje Liesje bij me. Het is een brief die ze een keer stiekem op mijn slaapkamer in Amsterdam heeft neergelegd, ik vermoed na een lange avondborrel. Na een aantal dagen werd mijn lichaam richting het papier getrokken, alsof het papieren vel een vishaak had uitgegooid en mij had gevangen. Volgens de brief had het lang genoeg geduurd.

Gekreukeld maar onkreukbaar komt het briefje uit mijn zak tevoorschijn en ik lees een willekeurige alinea.

Het is voor mij erg bijzonder om te weten dat je mij prijst omdat ik jou de hele middelbareschooltijd in je waarde liet. En dat terwijl ik toen nog niet stilstond bij het feit dat ik zelf ook heel erg de behoefte heb – en altijd heb gehad – aan een gevoel van waardering en om mezelf te mogen en kunnen zijn. Als ik erop terugkijk hebben we dat van elkaar geleerd, en hebben we samen – en ook los van elkaar – onze eigen wereld kunnen ontdekken.

Ik ben er zo trots op dat ik je na al deze jaren nog steeds mijn belangrijkste vriend kan noemen. We zijn elkaar in de afgelopen jaren wel eens kwijtgeraakt, maar ik weet zeker dat we elkaar altijd weer tegen zullen komen. Wij zullen altijd samen de slappe lach krijgen, zoals niemand anders ons kan laten lachen. Wij zullen ons altijd veilig voelen bij elkaar, zoals niemand anders ons veilig kan laten voelen. Wij zullen altijd de beste vrienden blijven, zoals geen ander dat voor ons kan zijn.

Haar brief voelt als een garantie voor onze vriendschap. Alsof het een bonnetje is; als er iets stuk gaat of gerepareerd dient te worden, hoef ik alleen het bonnetje ergens aan een kassa te laten zien en dan zou het vanzelf geregeld worden.

Ko heeft hetzelfde; welke kant zijn leven ook opgaat, altijd zouden daar die vriendinnen zijn die hem als krukken overeind zouden houden.

27 juli 2020

Ik vergelijk de band met m'n ouders met een gebroken vaas die in zoveel kleine stukjes kapot is gevallen dat het geen zin meer heeft om hem te lijmen. En je kunt wel negeren dat die vaas is gevallen, maar je zult de gebroken stukken toch op moeten rapen. En dat is wat ik nu probeer te doen.

Het afgelopen jaar heb ik moeten overleven. Als achttienjarige jongen alleen in het leven, door een fucked-up traject moeten gaan om zichzelf te kunnen zijn. Zonder zijn ouders. Zonder twee sterke schouders waarop hij zichzelf omhoog kan trekken. Er zijn momenten dat ik er niet bij stilsta dat ik geen ouders heb – want zo voelt het. Alsof ik ze jaren geleden ben verloren en ik er niks aan kan doen om ze terug te krijgen. Het is makkelijker om te doen alsof ze dood zijn dan jezelf er continu aan te herinneren dat ze er nog zijn, dan te blijven proberen om ze achter je te krijgen.

Maar er zijn ook punten waarop ik besef dat ik mijn ouders nodig heb. En dat ik wil dat ze naast me staan. De allereerste keer dat ik naar het VU-ziekenhuis ging wilden mijn ouders niet mee. Mijn moeder wilde er niks mee te maken hebben.

En mijn vader kon niet omdat hij moest werken, maar voornamelijk omdat hij gezeik zou krijgen met mijn moeder als hij meeging. Gelukkig ging mijn mentor mee, maar ik realiseerde me ook: zo hoort het niet. Mijn ouders hadden tijdens dat gesprek naast me moeten zitten. En m'n hand moeten vasthouden terwijl ik met een gebroken stem vertelde dat ik niet meer wist wat ik met mezelf aan moest. Maar dat kon niet en dat ging ook niet gebeuren.

Toen ik werd geopereerd heb ik niks van mijn moeder gehoord. Ik werd wakker na de narcose en was gevuld met blijdschap omdat ik wist dat het zover was. Ik had geen borsten meer en zou me daardoor eindelijk niet meer beperkt voelen. Ik kon bij m'n oom en tante terecht. 's Avonds, toen ik daar op de zolderkamer in bed lag, ben ik door verschillende familieleden en vrienden gebeld. Maar niet door m'n ouders. Mijn vader had een appje gestuurd maar niet gebeld. Iets waar ik drie jaar lang naar had uitgekeken en dat eindelijk was gebeurd.

Dat waar ik tegenop had gekeken maar vooral heel erg naar uit had gekeken, werd verstoord door het feit dat ik me zo fucking alleen voelde op misschien wel een van de bruutste momenten dat ik m'n ouders nodig had. Dat ik had gehoopt dat ze naast me stonden en trots op me zouden zijn. Dat we er samen doorheen konden en dat ik niet al deze fucking shit in m'n eentje had moeten doen. En ik heb het niet alleen gedaan, want ik heb vrienden en familieleden die me wel door dik en dun steunen. Maar ik wilde m'n ouders. Zo. Fucking. Graag.

Niemand kan dat gat opvullen, hoeveel mensen er ook achter je staan of er voor je zijn. De twee mensen die je op aarde hebben gezet en van wie je verwacht dat ze je ondanks alles steunen waren er niet op de momenten dat ik ze het hardst nodig had. En dat kan ik ze nooit vergeven. Al zou ik het willen. Ik kan het niet.

Mijn moeder heeft me zo erg laten zitten dat ik het woord *mama* m'n strot niet eens meer uit krijg. Het is voor mij makkelijker om te doen alsof ik geen moeder heb, wetende dat ze verdergaat met haar leven zonder mij. Wetende dat ze me misschien zo erg heeft geblockt in haar gedachten dat ze niet meer aan me denkt. Of als ze aan me denkt, dat ze dan denkt dat ik niet spoor of dat ik het haar aandoe.

Ik heb altijd moeten horen dat mijn vader op zijn manier zijn best doet. En misschien moet ik daar genoegen mee nemen. Met een vader die nooit volledig voor mij zal gaan, maar met de wetenschap tenminste wel een vader te hébben. Maar dat kan ik niet. Ik haat alles wat hij doet. Hoe hij dingen heeft aangepakt. Dingen die hij heeft gezegd, dingen die ik nooit zal vergeten of vergeven. Uiteindelijk heeft hij me net zo hard laten vallen als m'n moeder, zonder dat hij het zelf doorhad.

Verbale mishandeling. Dat stelden drie psychologen vast de afgelopen jaren. Ik, die dat een jaartje terug allemaal nog wel mee vond vallen, kwam er negen maanden geleden, toen ik op mezelf ging wonen, achter dat mijn ouders me wel degelijk tekort hebben gedaan. Dat kwam toen harder aan dan al die keren dat ik door m'n moeder de grond in geboord werd. En dan besef je dat je de scherven moet oprapen. Voorzichtig en een voor een zodat je geen glas in je vingers krijgt. Maar hoe voorzichtig je ook bent, je kunt altijd je hand openhalen. En als dat gebeurt ontstaat er een wond, die vervolgens langzaam zal helen. Want hoeveel pijn je ook wordt aangedaan, een wond heelt altijd. Al blijven er soms wel littekens achter.

Mijn moeder heeft me meerdere keren gevraagd waarom ik mijn lichaam dit aan zou doen. Waarom ik het zou verminken. En dan antwoordde ik simpelweg dat m'n lichaam juist nú als verminkt voelde. Er zijn periodes geweest waarin ik mijn lichaam doelbewust schade heb toegebracht omdat ik me zo opgesloten en alleen voelde in het lichaam waarin ik ben geboren. Er was voor mij geen andere optie dan dit te ondergaan. En door te doen alsof mijn 'probleem' niet bestond heb je een stukje van m'n hart gebroken dat nooit meer geheeld kan worden.

Ik heb geen mama meer. Niemand tegen wie ik mama kan zeggen. De liefde tussen moeder en zoon, die normaal zou moeten zijn, is iets wat ik nooit zal kennen en wat ik nooit heb gekend. Een deel van mij beseft waarschijnlijk niet eens wat-ie mist omdat ik het nooit heb gehad. Maar ik mis wel een moeder. Zoals ieder kind naar een moeder kan verlangen.

De periode dat ik meer blowde en dronk dan normaal is voor een zestienjarige zagen jullie niks aan me. Er waren nachten dat ik niet meer wist hoe ik door moest gaan. Joints halen in de tussenuren werd gaandeweg een dagelijkse gewoonte. Stoned in de lessen. Rooie ogen, verstand op nul en hopen dat de pijn beperkt zou blijven.

Maar wat ik ook deed, de pijn bleef altijd.

En nu nog steeds, terwijl ik dit schrijf, voel ik een ongelofelijk triest gevoel vanbinnen. Alsof alles in m'n lijf zwart en koud wordt. En voor een moment blijf ik daarin hangen en vervolgens raap ik mezelf bijeen en probeer door te gaan.

Ik besef dat ik mezelf de afgelopen jaren pijn had kunnen besparen. Door niet opnieuw en opnieuw te hopen dat je achter me zou gaan staan. Ik verdedigde je. Ik heb je fucking verdedigd tegenover mentoren, schoolleiding en psychologen. Omdat je m'n moeder bent. Ik kon het jou toch niet aandoen? Maar kijk wat je mij hebt aangedaan.

Er wordt gezegd dat het de aard van een kind is om altijd te blijven hopen dat je ouders je accepteren zoals je bent. Maar ik ben grootgebracht door mijn zelfgekozen familie. Door mijn vrienden. Die me van het begin af aan hebben gesteund. Zonder hen was ik hier niet geweest.

Nick

Verstuurd vanaf mijn iPhone

Het is alsof de zon de gordijnen heeft dichtgetrokken. Overal lijkt een schaduw te zijn gevallen. Ik blijf stilzitten, omdat ik het gevoel heb dat elke beweging die schaduw kan doorbreken en dat wil ik niet. De stilte diept zichzelf verder uit, terwijl de zon zich nog verder terugtrekt achter de gordijnen. Zelfs het vuur lijkt te zijn vergeten hoe het warmte moet geven. Iets in mij wil de brief opnieuw lezen, in de hoop dat er opeens een ander verhaal staat; dat iemand de letters heeft gehusseld als dobbelstenen en dat er nu een andere uitslag uitkomt. Maar ik weet dat zelfs met de grootst mogelijke magie uit deze brief geen sprookje meer tevoorschijn komt.

Ik kijk nog een keer naar de laatste paar woorden 'Verstuurd vanaf mijn iPhone'. Opeens zie ik hem voor me in z'n slaapkamer, zittend op de bank, verdiept in zijn mobiel. Spijkerbroek aan, trui, schoenen, één schoen waarvan de veters niet zijn gestrikt.

In de hoek liggen de kleren die hij gisteren droeg en op de grond liggen aantekeningen en boeken.

Waar sommige schrijvers jaren nodig hebben om een verhaal te vertellen, is hij gaan zitten en heeft hij in een stuk alles opgeschreven. Geen Versailles-achtige kronkels, geen Mozart-achtige huppeltjes in zijn tekst, geen Disney-achtige hoepeltjes waar de lezer doorheen dient te springen; nee, alles is rechtstreeks opgeschreven zoals het zit. In mijn hoofd zie ik hem schrijven. Driftig en snel, maar zonder boosheid, schaatsen zijn duimen over de toetsen op zijn scherm. Schrijversregen klinkt vanuit de microfoon van de telefoon, hoewel dit eerder schrijversonweer is. Zijn laatste punten en komma's komen neer als bliksemslagen. Daarmee laat hij mij versuft en verward achter. Nog voordat ik een paraplu of regenjas heb kunnen pakken, is de onweersbui alweer vertrokken.

Hoe kan het toch, vraag ik me af, dat je je kind zo in de steek laat? Ik leun achterover en kijk naar het houten dak van de veranda. Het zit onder de spinnenwebben die lang geleden al zijn verlaten door de makers. Nu hangen alleen de resten van hun kunstwerken er nog, als gebreide mist. Op de meeste plekken hebben deze resten iets beangstigends, iets spookachtigs, maar hier tussen de houten spleten worden zelfs spinnenwebben iets liefs. Alsof ze familie zijn geworden van suikerspinnen en dat je, als je maar lang en goed genoeg kijkt, vanzelf de zoetheid en iets van roze in die webben zou vinden.

Ineens komt iets wat papa ooit tegen me zei naar boven drijven. We hadden samen geluncht en tussen de resten van een gezellige maaltijd hadden we het erover wat het betekent om vader te zijn – iets wat ik ooit ook zou willen; een kind waar een deel van je spiegel in zit en dat papa tegen je roept. Een kind waarvoor jij een wereld kunt creëren, vol met fantasie en avontuur. Een kind krijgen, laten opgroeien in een wereld die jij al wel een beetje kent maar hij nog niet. Een kind waarmee je samen tikkertje en verstoppertje kunt spelen, een herbeleving van je eigen kindertijd, maar dan vanuit een ander gezichtspunt; het leek me een sprookje.

En vanuit dat gesprek had papa opeens een serieuze toon aangeslagen. Zoals hij dat wel vaker kon doen; dan veranderde er iets in zijn stem, alsof iemand aan de geluidsknoppen had gezeten. Zijn klankkleur, volume en intonatie veranderden dan. Iedereen hield zich dan gedeisd – niet alleen ik, maar de hele keuken; de ijskast die geen zoemend geluid meer maakte, de waakvlam van de gashaard die stopte met wakkeren, de potten, pannen, bekers en borden die in de houding bleven staan.

'De essentie van ouderschap,' begon mijn vader, 'is dat je je kind ten allen tijde laat merken dat je van hem of haar houdt, ongeacht wat.' Hij wiebelde met het mes naast zijn bord, alsof het een metronoom was, alsof hij zo de juiste woorden beter kon vinden. Met de wijsvinger van zijn linkerhand leek hij even zijn wenkbrauw te kammen. 'Zodat het kind,' ging hij verder, 'zich altijd veilig en geborgen weet. Je hebt te maken met de boze buitenwereld, maar thuis moet een thuis zijn. Een veilige haven. Waar hij of zij ook mee zit, wat er ook aan de hand is, thuis moet de plek zijn waar een kind zich veilig mag weten. En als je dus echt om je kind geeft, als je echt van je kind houdt, dan is dus ook de seksualiteit of seksuele identiteit van je kind geen issue, dan omhels je dat wat jouw kind is.'

Ook toen was het stil geweest. Maar anders stil dan de stilte waarin ik nu zit. Díe stilte was als warm water dat je langs je lichaam liet stromen zodat je de warmte ervan kon overnemen. De keuken, ikzelf, maar zelfs de aangrenzende kamers hadden goed geluisterd en besloten dat we er een tijdje over na moesten denken, om de woorden ook écht tot hun recht te laten komen.

De stilte waar ik nu in zit is er een die benauwt. Die niet knuffelt maar juist om een knuffel vráágt. Koud water dat de kleine hoeveelheid warmte boven je huid wegstofzuigt. Het liefst wil ik Nick een knuffel geven. Een potje met hem voetballen. Samen een glas bier drinken.

Vanuit mijn stoel zie ik hoe zich onweer ontwikkelt in de lucht. Aan de rand van het grasveld zie ik de bloemen die eerst nog fier heen en weer hadden gewapperd als vrolijke handjes die Sinterklaas verwelkomen, maar inmiddels lijken ze droevig te hangen. In mijn hoofd suist een vraag na: waarom wijs je als ouder je kind af als je kind steeds meer echt je kind aan het worden is? Bij elke ingreep, bij elke operatie, is hun kind steeds meer zichzelf geworden. Dichter bij de waarheid gekomen. Maar blijkbaar was de waarheid voor deze ouders niet voldoende en pasten zij een omgekeerde opvoeding toe; eentje waarin de leugen op een voetstuk staat. Jezelf zijn, jezelf ontdekken, jezelf worden; dat stond bij ons thuis op een voetstuk. Maar deze brief laat zien dat zaken waarvan je zou hebben gehoopt dat ze al lang en breed tegeltjeswijsheden zijn, bij sommige mensen nog onontdekte woordcombinaties blijken.

Mijn handen liggen te rusten op tafel. Met mijn wijsvinger maak ik rondjes op het tafelblad; als een kin met stoppels is het hout op sommige plekken ruw geworden. Ik ben stil. Stil door de drie brieven die ik net heb gelezen. Drie brieven die nog niet onbeschut de wereld in kunnen. De verhalen zijn te pijnlijk, te gevoelig. Deze brievenschrijvers hebben wel een brief gestuurd, maar hun verhalen zijn alleen voor mijn ogen bestemd. Zoveel brieven, zoveel verhalen liggen in het gelige pakket verborgen, maar nog niet alles kan worden verteld. Ook nu niet. Ook deze drie brieven niet.

Ik bekijk ze nog eens. Het voelt vreemd die brieven te lezen. Alsof ik via de brieven bij de schrijvers naar binnen gluur, zoals ik dat vroeger weleens deed als ik met Hond Bril door Den Haag wandelde. Al die thuisgekomen levens die 's avonds in warm, oranjegetint licht de dag afsluiten. Dankzij de ramen voelde het al-

ningen. Dat had alles te maken met de drukte; met mooi weer was Scheveningen een kinderkleurplaat met duizenden stippen. Overal mensen die van de zon genieten. Mijn ouders hielden niet zo van die drukte, dus kozen ze in zo'n geval voor het deftige, rustige en meer teruggetrokken Wassenaar. Gek genoeg leek het op dat stuk strand ook alsof het duingras, de zandkorrels en zelfs de zee chiquer deden; alsof ze zich wilde spiegelen aan de bewoners. Het duingras altijd galaklaar. De zandkorrels keurig op kleur en op maat gerangschikt en de zee net wat rustiger.

'Ja natuurlijk,' zei ik, 'hartstikke leuk, mam! Wat wil je eigenlijk hebben?'

Even was het stil aan de andere kant van de lijn. Alsof mama een verlanglijstje op het nachtkastje had liggen en ze nu met haar vinger naliep wat ze het afgelopen jaar had opgeschreven. Maar op de een of andere manier had ik het gevoel dat wat ze aan mij wilde vragen niet op het lijstje stond. Omdat ze voor dat cadeau geen geheugensteuntje nodig had.

'Ik weet wat ik voor m'n verjaardag wil. Een regenboogvlag!'

Op mijn gezicht verscheen een glimlach die niemand eraf kon gummen.

Op haar verjaardag een week later kreeg ze van mij de regenboogvlag. Ze hing hem niet aan een vlaggenstok, nee, ze wikkelde hem om haar lijf; in een handomdraai had ze de vlag omgetoverd tot een jurk.

Opnieuw was een trotse glimlach verschenen. Bij mij, maar ook bij mijn moeder.

'Zo kan het dus ook,' fluister ik tegen mezelf. En ik ga weer rechtop aan de leestafel zitten.

'Het blijft je kind.'

Het is de eerste zin van de nieuwe brief die ik lees. Ik vermoed dat hij is voorgedrongen, om juist nu ten tonele te verschijnen. Een nieuw stuk hout leg ik op het vuur, in de hoop dat de vlammen weer weten hoe ze warmte moeten geven. Na op z'n Grote-Boze-Wolfs het vuur te hebben aangeblazen, schieten de vlammen omhoog. Alsof ze een onzichtbare ladder naar de lucht beklimmen. Ik laat de vlammen met rust en richt me op de brief.

Het groepje vrienden liep uitgelaten over de brug richting het centrum. Richard kletste er vrolijk op los. Iedereen kent wel zo'n jongen die je gelijk mag zodra je hem ziet. Richard was zo'n jongen. Een echt mensenmens, altijd anderen om zich heen. En was dat even niet zo, dan was hij wel met iemand aan het bellen. Mensen zeggen vaak dat ze je te hulp zullen schieten, maar als je écht ergens mee zit, geven de meesten uiteindelijk toch niet thuis. Richard niet. Richard was er.

Die middag was het gezellig in de stad. Eerst hadden ze met zijn allen wat gegeten en daarna waren ze op een terrasje beland. Joris was Richards beste vriend. Waar Joris was, daar was Richard en andersom. Mensen die ze minder goed kenden dachten wel eens dat ze een setje waren, maar de vriendschap was al sinds hun jonge jaren zo hecht. Ze kenden elkaar door en door.

Joris kende ook het moeilijke gevecht dat Richard voerde. In tegenstelling tot Joris was Richard wel homoseksueel. De vader van Richard was een autoritaire, streng christelijke man. Iemand voor wie het geloof op de eerste plek kwam en pas daarna het gezin. De moeder van Richard was zeer trouw aan haar baas, net als zijn broers en zijn zus. Het gezin diende vader en vader diende het geloof. En alles wat daarbuiten viel was zondig.

Richard was de benjamin van de familie. Een nakomertje ook. Tussen hem en zijn zus zat zes jaar verschil. De dingen die hij over zijn gezinsleven vertelde vonden zijn vrienden eigenlijk heel bizar en onvoorstelbaar. Vooral Joris, die heel vrij werd opgevoed. Niet voor niets kwam de vriendengroep regelmatig bij Joris over de vloer. Zijn moeder vond dit ook gezellig, ze gedroeg zich als een soort moederkloek en zorgde dat het de groep aan niets ontbrak. Richard voelde zich er altijd erg thuis.

Die middag was Richard anders dan anders. Naarmate de dag vorderde werd hij stiller en verscheen op zijn voorhoofd een frons. Joris sloeg een arm om hem heen. Richard had een jongen leren kennen die hij iets meer dan alleen maar leuk vond. Daardoor was hij nog meer in gevecht geraakt met zijn gevoel. Hij keek Joris aan met tranen in zijn ogen. Vanavond zou hij het aan zijn ouders moeten vertellen.

Zwijgend liepen ze terug naar het station en namen de trein naar huis.

Joris maakte zich zorgen om zijn vriend. Tegelijkertijd wist hij dat hij Richard niet kon helpen bij zijn gevecht. Dit moest hij zelf doen. Hij kon er alleen voor hem zijn.

Het was even na acht uur toen bij Joris werd aangebeld. Richard leunde tegen de deurpost. Een straaltje bloed over zijn linkerslaap. Om zijn rechteroog verscheen een zwartblauwe rand. In zijn ooit witte shirt zaten bloederige vlekken. Zijn neus stond scheef en uit de scheur in zijn bovenlip druppelde bloed.

Joris schrok zich wezenloos, ondersteunde zijn vriend en hielp hem naar binnen. Richard liet zich voorzichtig op een stoel zakken. Zijn gezicht vertrok van pijn en hij begon heel hard te huilen. 'Ik heb geen ouders meer,' zei hij met trillende stem.

Joris troostte zijn vriend zonder iets te zeggen. Toen de eerste schrik was verdwenen hielp hij Richard vol walging uit zijn shirt. Op zijn rug zaten rood-blauwe strepen en op zijn buik was een rode plek ontstaan. Joris kon zijn tranen niet meer bedwingen en huilde zacht om het geweld dat zijn vriend was aangedaan.

Die avond week Joris niet van Richards zijde. Zoveel verdriet, zoveel pijn. Joris voelde dat hij zijn beste vriend aan het verliezen was. Uiteindelijk viel Richard op de bank in slaap en durfde Joris ook naar bed te gaan.

De volgende ochtend kwam Joris na een onrustige nacht weer beneden. Op de bank lag de deken die hij de avond ervoor over Richard heen had gelegd. Keurig opgevouwen.

Er lag een briefje op.

Je was mijn beste vriend, ik hou van je.

Joris hoorde sirenes buiten en hij wist dat ze niet op tijd zouden zijn. Hij liet zijn tranen de vrije loop.

Bij de crematie waren alleen de vrienden aanwezig. Op de kaart stond: *Hij kwam de waarheid onder ogen en verloor...*

Vanuit de brieven kom ik langzaam terug aan de tafel in Zweden. Voor mijn gevoel was ik weggevlogen; op een tapijt gestapt en vele kilometers gereisd. Nu ben ik terug, beide voeten weer op de grond. Hond Bril ligt nog steeds op het grasveld, in een diepe slaap. De zon heeft zich nu niet meer alleen achter de gordijnen verstopt, maar is ook langzaam aan het vertrekken; onderweg naar een andere plaats. Langzaam begint het kouder te worden. Nog even en dan klopt de avond aan. Hoe laat het inmiddels is geworden, weet ik niet, maar dat maakt me niet uit; de tijd ligt hier in zijn hangmat.

Naast het huis begint een met houtsnippers bezaaid pad dat naar het meer loopt. Ik pak een lichtroze badhanddoek met Iejoor erop. Het is zo'n grote handdoek waarin je kunt verdwijnen en die je in één ommezwaai van top tot teen kan omhelzen. Via het pad loop ik naar het water. Her en der proberen takken zich al highfivend over het pad te buigen. Om niet te struikelen moet je je voeten goed in de gaten blijven houden; als spataderen komen dikke boomwortels vanuit het niets boven de grond uit, klaar om je pootje te haken.

Het strandje is picknickkleedgroot; je kan er prima je handdoek en je shirt neerleggen, maar met een heel gezin barbecueën is teveel gevraagd. Een groot langwerpig betonblok dient als steiger. Aan een touw ligt een vlonder waar je met drie klapstoelen op kunt zitten, en wegdrijven. Als je goed tegen eenzaamheid kan, is het de ideale plek om te gaan zitten. Staande op de steiger zou je voor je kunnen zien hoe een oude man of dame met alleen een sigaar zou plaatsnemen op een van de stoeltjes op de vlonder. Al rokend en kijkend zou zo een gelukkige dag kunnen ontstaan.

Ik heb geen zwembroek bij me maar wil toch het water in. Mijn handdoek leg ik opgevouwen op de punt van de steiger. Vervolgens knoop ik voorzichtig, een voor een, mijn knoopjes van mijn hemd los. Bijna zoals een andere jongen dat zou doen als je 's avonds samen bent. Maar nu wil ik de tijd nemen; in mijn hoofd dreunen en bonzen de brieven na. Als een gloeiende hoofdpijn zonder dat ik hoofdpijn heb. Ik kleed me verder uit en houd alleen mijn onderbroek aan. In bijna naakte toestand breng ik mijn teen naar het water.

'Je gaat het mij niet gemakkelijk maken,' zeg ik zachtjes tegen het water, 'dat heb ik nu al door.'

Het is koeler dan koel. Ik beeld me in hoe tientallen, zo niet honderden bergriviertjes uitmonden in dit meer. Waarschijnlijk beginnen die bergriviertjes als kleine lekkages in sneeuwhopen, waarna druppels gestaag een afdaling inzetten. Vervolgens zou het kleine stroompje steeds meer vrienden en vriendinnetjes krijgen, waardoor de waterstroom aan kracht zou winnen. Al snel zou het water door het Zweedse landschap kunnen stoten en duwen, totdat het uitgeraasd is en hier in het meer kiest voor een rustig pensioen.

En ik vermoed dat het water er niet heel erg op zit te wachten dat ik die rust ga verstoren.

Toch loop ik door. Onder mijn voeten voel ik het strandje veranderen in eerst wat loszittende stenen en daarna in een onderwaterstenenlawine. Ik moet oppassen dat mijn voetzolen niet uit een aaneenrijging van sneeën gaan bestaan. Het water is tot iets boven mijn knieën gekropen; nog heel even en dan zal ik mijn volledige lichaam te water laten. Om me heen is geen enkel teken van leven. Dat wil zeggen: geen teken van menselijk leven. Het meer is voor mij alleen, of ik ben alleen voor het meer. Ik haal diep adem, wacht nog drie seconden en laat me vervolgens vooroververvallen in het water.

Het grijpt om zich heen, het koude Zweedse meerwater. Als een allesomvattende knuffel kleeft het aan elke plek op mijn lijf. Om mijn ademhaling onder controle te houden moet ik rustig blijven en onnatuurlijke lange zuurstofteugen nemen. Doedelzakachtig ademhalen, denk ik bij mezelf. Wees het instrument. Wees de doedelzak. Adem innnnn en weer uuuuiiiitt. Innnnnnn. Uitttttt. Innnnn. Uitttt. Het lukt. Langzaam lijkt koud warm te worden.

Ik laat me kopje onder gaan. Het koude water lijkt via mijn haren wortels in mijn hoofd te vinden waarvan ik niet wist dat die er waren. Het voelt niet onprettig, en ergens heb ik het gevoel dat het meer de verhalen die ik in de brieven gelezen heb bloedzuigertechnisch uit mijn hoofd wil zuigen. Uit nieuwsgierigheid. En het lijkt het water te lukken, want na een tijdje druppelt het zuigende gevoel uit mijn lijf; het meer heeft de verhalen gevonden en gelezen en trekt zich nu in gedachten verzonken terug.

Terwijl ik onder water zwem, doe ik langzaam mijn ogen open.

Ik ben graag onder water. Aan de ene kant wijd ik dat aan mijn sterrenbeeld – Vissen, dan moeten mijn lijf en genen haast wel iets hebben met water. Maar aan de andere kant vermoed ik dat ik het fijn vind om te gast te zijn in een wereld waar ik geen controle of macht over heb. In de onderwaterwereld zijn wij als mensen indringers. Gasten, al dan niet ongenodigd. We zijn er niet op ons sterkst, zwak eigenlijk zelfs. Die kwetsbaarheid, die onlogische verhouding tussen jezelf en de omgeving waarin je verkeert, de concrete afhankelijkheid van zoiets simpels als zuurstof, het opeens niet meer kunnen ademhalen, ik vind het heerlijk. In een andere wereld rondzwerven; dat kan onder water.

Onder water is het gelig, bruinig. Als slowmotionsneeuw vliegen er stukjes langs me heen: aarde, plantenresten, belletjes. Alles lijkt langzamer te gaan. Zich rustiger voort te bewegen. Mijn zuurstof raakt op en toch blijf ik beneden. Grijp de stenen vast om niet naar boven te worden geduwd. Ik wil daar blijven, op de bodem, tussen de stenen en de rust. Op een plek waar oordelen, verwijten en verwachtingen niet bestaan. Omdat taal en normen en waarden er niet bestaan. Omdat het hier onder water slechts draait om één enkele vraag: kun je er overleven? Zo ja – dan mag je blijven en je plek zoeken.

Ik wil dat het water me invriest, me daar bewaart, en ik er als een anker op de bodem van het meer kan blijven liggen. Even denk ik bij mezelf dat het lukt, dat ik daar kan blijven, verscholen en verstopt in die andere wereld. Maar een paar seconden later laat ik me als een bijna heliumlege ballon naar boven drijven. De achterkant van mijn hoofd is het eerste lichaamsdeel dat door het waterplafond heen duwt. Ik blijf drijven op mijn buik en breng mijn neus net boven het oppervlak om adem te kunnen halen. Ik lig krokodilstil en voel iets van een roofdier in me huizen. Het water lijkt van glas te zijn geworden, zonder rimpelingen, zonder littekens. Ik zwem door een wereld zonder hobbels.

Nog een keer betreed ik de onderwaterwereld. Eerst duik ik naar beneden en dan laat ik razendsnel alle lucht uit mijn longen lopen. Als een menselijke steen zak ik naar beneden. Op de bodem, tussen de modder en rotsblokken, blijf ik in het water zweven. Hier zouden Nick en Richard nu ook moeten zijn. In deze onderwaterwereld. Zij hadden in deze onderwaterwereld geen weerstand ondervonden. In tegenstelling tot de wereld boven het water had Richard hier wel kunnen overleven. Het tekort aan zuurstof geeft me een vacuümachtig gevoel, alsof iets van buiten naar binnen wil en iets van binnen heel graag iets van buiten ontvangt.

Maar mijn mond houd ik stevig dicht, alsof hij is dichtgeniet. Heel even nog, denk ik bij mezelf, heel even nog. Heel even nog in deze wereld.

Terwijl mijn handdoek rust vindt op mijn schouders – ik laat hem capeachtig hangen – ga ik zitten op de houten vlonder. Enkele druppels vinden hun weg naar beneden, langs de kieren van het hout, terug naar het water waaraan ze waren onttrokken. Thuiskomen hield voor hen in dat ze zich alleen maar hoefden te laten vallen – dan zou hun vrijheid vanzelf komen. Zoals de druppels vallen, zo sijpelen ook mijn gedachtes weg.

Ergens vermoed ik dat mijn hersenen heimwee hebben. Hersenheimwee, ik vraag me af of het bestaat; dat je hoofd ergens naar terugverlangt, zonder dat jijzelf en je gevoel daar last van hebben. Het effect is in ieder geval helder: mijn hersenen dringen oude herinneringen aan me op.

Het was op een zaterdagochtend een jaar geleden. Druppels spatten van mijn paarse paraplu, ik stond aan de rand van het homomonument. Als klimop bogen bloemen zich over het monument. Ze waren er altijd, de bloemen, omdat er altijd zichtbaar aan iemand moet worden gedacht. Soms ook in gezelschap van fotolijstjes of kaarsen.

De bloemen deden me denken aan een foto van Candy Darling, gemaakt door Peter Hujar. Een foto van haar sterfbed. Op negenentwintigjarige leeftijd stopte haar leven, vermoedelijk als gevolg van een ziekte die haar hormoonbehandeling had veroorzaakt. Door die hormonen kon ze worden wie ze echt was.

Ze kijkt ons ondroevig aan op de foto; ze heeft er vrede mee om weg te vliegen. Hoewel ze stierf had ze de werkelijkheid schaakmat gezet: die foto tatoeëert haar voor eeuwig in ons geheugen en maakt haar onsterfelijk. 'Je moet altijd jezelf zijn,' heeft ze eens gezegd, 'tegen elke prijs. Het is de hoogste vorm van moraliteit.'

Jezelf zijn. Jezelf durven zijn. Ik dacht aan de Canal Parade die een paar weken later zou plaatsvinden. Die boottocht maakt zichtbaar hoe kleurrijk, mooi en divers jezelf zijn eruit kan zien. Een uniek moment, omdat Amsterdam wordt overgenomen. Een overname zonder getrokken zwaard, dictatoriale trucjes of spindoctors. De stad wordt vredig overgenomen door de Roze Gemeenschap. Vrijheid, verliefdheid en vrolijkheid bestieren onbeteugeld Amsterdam. Het levert een magisch gevoel op; even, voor één keertje in de meerderheid zijn. De norm zijn. Niet afwijken of anders zijn maar de dienst uitmaken. Pride is Kerst, Koningsdag en circus ineen.

Op een van de boten staan is nóg betoverender. Ik weet nog hoe het was, de eerste keer. Vanaf het IJ vaar je onder bruggen die als lakeien voor je buigen. Overal om je heen: dolenthousiaste mensen. Armen die zwaaien. Lachende gezichten. Handen die luchtkusjes uitserveren. Je kent ze niet en toch ken je ze. Een regenboognavelstreng verbindt ons allen. In het begin zwaai je aarzelend terug, maar al snel wuif je koninklijk. Tijdens de Canal Parade krijgt iedereen de kans om voor even een Máxima te zijn.

'Lieverd, loop je mee?' De stem van mijn vriendin Katja pulkte me uit mijn gedachten. Ze stond hand in hand met háár vriendin: de klokken van de Westertoren sloegen twaalf uur. Bij elke klokkendreun zoende Katja haar liefde. Gedrieën begonnen we aan onze wandeling.

De meeste mensen hadden deze zaterdag uitgeslapen, waardoor we Amsterdam wakker zagen worden. De wallen glommen alsof iemand de kolen van de avond ervoor had aangeblazen. Het was aarzelend druk. Halverwege de wandeling stapten we homobar The Queen's Head binnen. De kroonluchters waren de enige gasten. Discoballen draaiden warm en Tina Turner, Donna Summer en Madonna hielden een muziekestafette. We bestelden twee Aperol Spritz en een groene thee.

Ik voelde me veilig daar. Samen met hen, in de

kleurrijke bubbel van de gaybar. Toen we het café even later verlieten regende het nog maar zachtjes. Zonder te hebben overlegd liepen we richting het Museumplein. Een kind speelde er in zijn eentje de-vloer-is-lava. Toen hij ons zag gingen we snel op een bankje zitten met onze voeten van de vloer.

'Zullen we alvast gaan varen?' zei Katja.

'Hoe bedoel je?' vroeg ik.

'Gewoon, wij met z'n drietjes, een bootje huren, over de grachten varen – alvast een beetje de boel inspecteren, als je begrijpt wat ik bedoel.' Inmiddels was de zon tevoorschijn gekomen. Amsterdam werd in de schijnwerpers gezet.

'Dat lijkt me een heerlijk idee, lieverd.'

Even later zaten we in onze boot en voeren we over de grachten. Mijn vriendinnen waren met elkaar in gesprek, bezonnebrild. Op de boot was een borrelhapjesbal gaande. Voor de ramen van de grachtenpanden waren her en der al regenboogvlaggen te zien. Op de kade zag ik een jongen fietsen. Hij had een jongen achterop, die hem omhelzend vasthield. Op beide gezichten was een glimlach getekend, alsof ze hetzelfde binnenpretje deelden. Bagagedragerliefde: deze dag leek ervoor gemaakt.

Ik had Richard ook zo'n bagagedrager gegund, waar hij vrolijk en verliefd achterop had kunnen springen; in vrijheid zijn eigen avonturen belevend. Maar in plaats daarvan kreeg hij ouders die meer in God geloofden dan in hun eigen zoon.

Beste Wobie,

Een paar maanden geleden ben ik in mijn oude brugklasdagboek gaan lezen. Erin gaan zoeken eigenlijk. Ik meende me namelijk te herinneren dat ik in de brugklas voor het eerst begon te twijfelen over mijn seksualiteit. Mijn twijfels bleken al iets eerder te zijn begonnen dan ik me kon herinneren: op 10 april 2013 om precies te zijn. Ik was toen dertien jaar. Boven aan de pagina staan twee schuin getekende hartjes, de een naar links gekanteld, de ander naar rechts, met een vraagteken ertussenin.

Ik schreef:

Ik wil je een geheim vertellen. Je moet wel beloven dat je het aan niemand anders zal laten lezen. Maar ik vertrouw je, dus daar komt-ie: ik denk erover na of ik biseksueel ben. Ik denk er al een tijdje over na, maar ik weet het echt niet zeker hoor!

Nou, doei!

Er ging van alles door me heen toen ik dit terug-las, maar ik was vooral erg ontroerd. Ontroerd over het feit dat ik dit aan mijn dagboek had toevertrouwd. Ontroerd over het feit dat mijn dertienjarige ik dezelfde twijfels had als de twintigjarige vrouw die ik nu ben.

Ik las verder:

*Daar ben ik weer! Nou, geschrokken? Ik weet dat ik er een tijdje niks meer over geschreven heb, maar nu weet je het! Ik weet zeker dat ik op jongens val, maar ook op ***... Vandaag op school was er bijvoorbeeld een leuke 'je-weet-wel'. Miriam was met ** en nog wat andere *** aan het praten. Aangezien ik het huiswerk voor de volgende dag al bijna af had, luisterde ik mee. Nou ja, <u>keek</u> vooral... (blozende smiley). Die ** was namelijk heel knap! Ik zweer het je, ik had hartkloppingen. Ik heb zelfs nog even met ** gepraat en in **'s mooie ogen gekeken. Maar ja, toen ging de bel.*

*Ik ben echt niet verliefd op **. Misschien maak ik het mezelf wel gewoon wijs (doe ik wel vaker...)*

Daarna begon ik abrupt over iets anders met als aankondiging: *Nog wat anders (iets leuks!).*

Net alsof het fragment hierboven niet als 'leuk' bestempeld mocht worden. De schaamte spat er-

een bericht in onze vriendengroepsapp. Zij vertelde ons dat ze voor haar gevoel toch wel echt een jongen is. Mijn coming-out was de inspiratie om dit op deze manier met onze vriendengroep te delen. We zijn nu dus een soort van 'comingoutbuddy's'.

Veel liefs, Caya

Voordat ik een nieuwe brief pak, kijk ik even naar het gelige pakket. Hoe langer het pakket daar ligt, hoe meer kreukels het lijkt te krijgen; papieren rimpels. Alsof het de kreukels van de verhalen van de mensen langzaam absorbeert.

Terwijl ik een nieuwe brief tevoorschijn haal, zie ik Hond Bril over de veranda naar binnen wandelen; voor haar heeft de dag lang genoeg geduurd.

'Misschien zou ik mezelf herkennen in de ervaringen,' lees ik. Aan het handschrift kan ik zien dat er pauzemomenten zijn geweest; momenten waarop de pen van de brievenschrijver even twijfelend boven het papier zweefde. Momenten waarop het schrijven even stopte, als een waterstroom die een dam tegenkomt, omdat er nagedacht diende te worden. Gelukkig is er na elk twijfelmoment in deze brief een zichtbaar besluit tot doorzetten.

19 juni 2020

Lieve Wobie,

Nadat ik de reacties op je boek *CONFETTIREGEN* had gehoord, besloot ik het ook te gaan lezen. Misschien zou ik mezelf herkennen in de ervaringen en de gevoelens die je beschrijft.

Jij hebt zo'n ontzettend persoonlijk boek geschreven en je hebt jezelf helemaal blootgelegd. Ik vind het al spannend om je deze brief te schrijven en weet nog niet of ik hem anoniem zal versturen of met mijn naam eronder. Het is opvallend dat ik over zoiets kleins kan twijfelen. Ik ben 'uit de kast' (wat een stomme uitdrukking hè?) voor mijn ouders, mijn zusjes, een paar familieleden en al mijn vrienden, maar niet echt *out and proud, as they say*. Waar ben ik zo bang voor? Ik weet dat ik ooit voor de hele wereld mezelf wil zijn, maar waar wacht ik dan nu op?

Je andere lezers hadden gelijk: je hebt een heel herkenbaar boek geschreven, ik zag mezelf terug in veel van de dingen die je beschrijft. Het idee dat iedereen naar je kijkt, dat al je fouten worden opgemerkt, en het enige wat je wilt is WEG en je verstoppen. Soms wil ik even op de zeebodem liggen en kijken naar de roggen die traag boven mij voorbijzwemmen. Ook de angst dat je iets zal worden aangedaan (fysiek of verbaal) als je hand in hand loopt... Dat durfde ik bijvoorbeeld niet in mijn geboorteplaats toen ik een vriendin had. Dat ik me hier zorgen om maak, maakt me zowel woedend als heel verdrietig.

Er was één passage die boven alle andere uitsprong, omdat het pijn deed hem te lezen:

> 'Ik bleef hem aankijken. Hij kon mijn antwoord zien, maar ik durfde het niet te zeggen. Het leek alsof hij wílde dat ik het deed. Dat hij me wilde helpen. Dat hij met zijn vraag en met zijn ogen wilde zeggen dat het allemaal niet uitmaakte. En hoe graag ik het ook wilde zeggen, tegen hem, alleen tegen hem, ik durfde het niet.'

Ik weet nog dat ik tranen in mijn ogen kreeg toen ik dit las. Alsof er een herinnering uit me werd getrokken en op papier werd gezet.

Ik was achttien en voor het eerst verliefd op een meisje. Smoorverliefd, zoals ik dat bij geen enkele jongen daarvoor had ervaren. We logeerden en zoals wel vaker hadden we de gevoeligste gesprekken midden in de nacht. We hadden het over verliefd zijn, verliefd op vrienden, blauwtjes lopen. En net zoals jij het omschreef keek ze me aan alsof ze het wist en me aanmoedigde het te vertellen, zoals je wel meer dingen ineens vertelt in het holst van de nacht – een vreemde tijd die een beetje buiten de werkelijkheid valt. Maar ik kon het niet. Alles in me schreeuwde NIET ZEGGEN! Want dan zou ik onze vriendschap verfrommelen en de kreukels niet meer glad kunnen strijken.

Ik vertelde het pas twee jaar later, toen ik al-lang niet meer verliefd op haar was. En nadat ik het haar had verteld, veranderde er niets in onze vriendschap of in de stemming tussen ons. Wat een opluchting! Waar was ik zo bang voor geweest? Dat weet ik nog maar al te goed: als je iets zegt wordt het waar. Niet uitgesproken gevoelens bestaan niet, zo kun je jezelf voor de gek houden. Wat je zegt kun je nooit terugnemen. Uiteindelijk woog het te zwaar op mijn schouders en moest het eruit. En ik ben blij dat ik het gezegd heb.

Toch ben ik nog best gesloten over mijn seksualiteit op bijvoorbeeld social media of tegenover de rest van mijn familie. Ik denk dat ik gewoon niet goed weet hoe ik die stap moet zetten, welke strategie ik het beste kan toepassen. Uiteindelijk zal ik mezelf dwingen, denk ik, met gierende zenuwen in mijn maag.

Ik heb het geluk dat ik heel lieve familieleden en vrienden heb. Mijn moeder heeft *CONFETTIREGEN* ook gelezen en vrijwel meteen een brief gestuurd. Die ging waarschijnlijk over mij en hoe zij mij altijd bijstaat, en hoe lastig dat kan zijn, helemaal als ik soms ongelukkig ben om iets wat ik heb gelezen. Ik weet het niet, ik heb haar brief niet gelezen – die is immers voor jou. Zelf kon ik niet meteen iets schrijven – dit is een van de vele kleine drempels die ik over moet (of misschien mezelf heb opgelegd?). Maar uiteindelijk wil ik de grootste drempel over, helemaal, want die last en spanning moeten van mijn schouders af.

Dankjewel, lieve Wobie, voor je prachtige boek, waar ik doorheen ben gevlogen. Ondanks de liefdevolle steun die ik al krijg heb ik het er soms nog best moeilijk mee om gay te zijn.

CONFETTIREGEN heeft mij in ieder geval de moed gegeven om deze brief te schrijven. En ik zet mijn naam er toch maar onder en stap daarmee weer een kleine drempel over.

Glitters en knuffels,

Robin

Robins brief zorgt dat mijn glimlach als een ochtendzon nog sterker durft te gaan stralen. De brieven van Caya en Robin geven hoop; een uitgestoken hand zijn ze, naar de meisjes, de jongens, de kinderen die nu nog twijfelen. Ze laten zien dat het goed kan gaan, ondanks de twijfel, ondanks het zoeken. Dat je je bevrijd kunt voelen en dat het ontdekken van jezelf in kleine stapjes mag.

Dat is wat Robin me laat zien: eerst je gevoel opschrijven, dan het vinden van de concrete woorden, dan je naam aan je brief toevertrouwen, waardoor het papier persoonlijk wordt. Door haar naam onder aan de brief krijgt haar verhaal een naam en daarmee een gezicht. Vijf letters. Eén hoofdletter. Drie medeklinkers. Robin. Als een stempel die zekerheid geeft.

Haar verhaal doet me denken aan Daniël. Daniël, de jongen van de middelbare school. De jongen waar ik niet omheen kon en niet omheen wilde. Die mij meermaals vroeg wat er gaande was en in wiens ogen ik kon zien dat hij het antwoord eigenlijk wel kende. Misschien dat dat een van de liefste dingen is die je als vriend kunt doen; zien wat gezegd moet worden en vervolgens iemand helpen om het ook echt te zeggen. Hij had het gezien en hij had het gedaan. Zijn hand uitgestoken en geduldig gewacht, net zolang totdat ik het aandurfde zijn hand aan te nemen en te vertellen waarover ik twijfelde. Vriendschappen kunnen verkreukeld raken, daar had Robin gelijk in, maar échte vriendschappen worden altijd weer gladgestreken. Omdat je tegen échte vrienden alles moet kunnen zeggen, zelfs het onzegbare.

Juli 2020

Lieve Wobie,

Ooit begonnen wij met het schrijven van brieven aan elkaar, gebundeld in een document dat 'Het Verhaal' heette. Het Verhaal was een geheim document waar niemand anders bij kon dan wijzelf. Hierin is terug te lezen hoe onze liefde zich steeds meer uitbreidde in de richting van een grote, intens felle regenboogexplosie. Om en om beschreven we elk een intiem moment dat we hadden beleefd, zodat de een van de ander kon zien hoe zij dat moment had ervaren. Stiekem legden we telkens nieuwe gebeurtenissen vast, om tussen de regels door aan elkaar te laten weten hoe we ons écht voelden.

We schreven Het Verhaal omdat wij een 'verboden liefde' hadden. We waren beiden nog nooit met een vrouw geweest en deelden dezelfde vrienden aangezien we met elkaar in een studentenhuis hadden gewoond. Het leek onmogelijk om met elkaar te zijn, en aan elkaar schrijven was voor ons de manier om te verwerken wat er allemaal gebeurde, en om uiting te geven aan onze, op dat moment nog onbekende, gevoelens. Eén ding stond vast: deze gebeurtenissen, gedachtenspinsels en gevoelens zouden nooit uitkomen. Het Verhaal was van ons.

Het begon als een onschuldige dag op een klein festival van een studentenvereniging, maar na een paar drankjes begonnen de meisjes om elkaar heen te draaien. Ze plaagden elkaar een beetje en raakten elkaar af en toe aan maar het viel niet op want de hele groep vriendinnen was close met elkaar. Totdat Sabine en Willeke alleen in de menigte stonden en de een de ander probeerde te zoenen. Sabine trok zich snel terug en zei dat het hier niet kon, er waren te veel bekenden om hen heen. Ze trok Willeke mee en ze liepen samen naar de wc, waar ze stiekem in een hokje met elkaar konden zoenen. Een onzinnige plek, maar met een gepassioneerde zoen. Hand in hand liepen ze het festivalterrein weer op, terug naar waar de vriendinnengroep stond. Ze keken elkaar lachend aan en deden alsof er niets gebeurd was.

Inmiddels zijn we een jaar officieel samen en mag de hele wereld dat weten. Vorig jaar liepen we voor het eerst trots in matching outfits door

Amsterdam tijdens Pride. We zijn trots dat we eindelijk samen zijn, de worsteling is voorbij en de grijze wolk is weggetrokken. Het heeft ons wel heel veel moeite en verdriet gekost om te komen waar we nu zijn. We hebben samen een hele hoop moeten overwinnen en accepteren. We worstelden ondraaglijk veel met onze gevoelens.

Het was een strijd die we allebei op een andere manier voerden, maar waar we elkaar wel heel erg bij hielpen. Voor Sabine was het vooral een shock omdat ze het überhaupt nog nooit als een optie had gezien om met een vrouw te zijn. Na de kus vielen stukjes op hun plek, het was zo'n aha-moment waarbij je denkt: *dus zo hoort het te voelen!* Maar het was ook vooral een shock, het maakte haar verdrietig en heel erg in de war. Daartegenover stond Willeke, die vooral heel verward was omdat ze tot nu toe altijd met mannen was geweest en op het moment van de eerste kus nog een vriend had. Terwijl Willeke in een oneindige tweestrijd zat, moest Sabine nog ontdekken wie ze echt was.

Ze lagen dicht tegen elkaar aan, te knuffelen en te kroelen. Opeens liet Sabine een traantje, Wil-

Ieke schrok een beetje. Ze pakte haar nog steviger vast en kon alleen maar denken: wat heb ik gedaan? Willeke voelde zich schuldig. Dit had nooit mogen gebeuren, dacht ze, en ze voelde zich verantwoordelijk dat ze Sabine zo in de war had gemaakt. Dit zei ze natuurlijk niet maar ze vroeg waarom ze huilde. Sabine haalde haar schouders op en Will zei: 'Jawel, je weet het wel.' Sabine vertelde dat ze gewoon in de war was en dat ze haar ging missen. Ze hadden namelijk afgesproken elkaar niet meer te zien omdat de hele situatie te moeilijk was. Willeke ademde diep in en uit. Ze moest vanbinnen ook een beetje huilen, maar dat liet ze niet merken, ze zei dat ze haar ook heel erg ging missen en dat ze haar leuk vond. Dat had ze nog nooit gezegd. Ze waren beiden stil en hielden elkaar extra stevig vast.

In onze hoofden konden we niet samen zijn. We waren bang voor wat andere mensen zouden denken en zeggen, bang dat ze ons anders zouden gaan zien en dat er geen weg terug meer was.

Dit gevoel zagen wij ook terug bij Wobie in het boek. Net als wij dat hebben gedaan worstelt ook Wobie met zijn geaardheid en is hij doodsbang voor de reacties van anderen. Het is zó oneerlijk dat kinderen, mensen zich hier druk om moeten maken, waarom is het zo eng om je ware zelf te zijn?

Behalve dat we op ontdekkingstocht gingen in het kleurenspectrum, behalve dat we bang waren voor de reacties van anderen, vielen wij ook nog eens op elkaar. In tegenstelling tot Wobie waren wij wel elkaars Daniël! Maar dat leek onmogelijk en ondenkbaar, door alle beren die we op de weg zagen. Het zou zo raar zijn om anderen over ons te vertellen. Mensen zouden zoveel vragen hebben en over ons praten. Het was eng om af te wijken van de norm. Een geheim was veilig en vertrouwd. Het de wijde wereld in slingeren maakte het vatbaar voor andermans meningen. Het was een knagende ontdekkingsreis en een vermoeiende tweestrijd, waar we ook nog eens met niemand over konden praten. Net als Wobie vonden we toen dat je zoiets alleen uit moest zoeken.

Toch deden wij het niet helemaal alleen. Wij bespraken namelijk wel alles met elkáár; onze gevoelens, onze emoties, alles lag op tafel. Dit is iets wat ons nu ook tot een heel erg sterk koppel maakt. Het stellen van de vraag ‘Wat denk je?’

heeft ons onvoorstelbaar veel opgeleverd en dat doet het nog steeds. Iedereen die vast zit in zichzelf en het gevoel heeft dat niemand je begrijpt, iedereen die gevoelens opkropt en niet wil dat iemand anders die ontdekt, moet deze vraag eigenlijk gesteld krijgen. Door gedachtenspinsels te delen met anderen wordt het gewicht minder zwaar.

Wij hadden allebei zo graag gewild dat iemand die dicht bij ons stond deze vraag eens had gesteld, écht gesteld, in die periode. Als je het gevoel hebt dat niemand je begrijpt blijf je de schijn ophouden dat het goed gaat. Ook al is dat niet zo. Dat je zo diep in jezelf gekeerd bent dat je bang bent voor je eigen gedachten. Terwijl: als iemand eens oprecht aan je vraagt hoe het gaat en wat je denkt, ga je misschien wel praten. Want stiekem is dat het enige waar je behoefte aan hebt. Het delen van je leed.

Het is iets wat prikkelde bij ons, tijdens het lezen van het boek. Wobie voelde diep vanbinnen ook de drang om het er met mensen over te hebben. Al zijn vriendinnen wisten van Daniël. Zou Wobie al eerder zijn sprankelende zelf zijn geweest als zijn vader, moeder, de gymdocent of vertrouwenspersoon op school dieper zouden zijn ingegaan op zijn gevoelens en gedrag? Wat ons uiteindelijk uit de grijze mist heeft getrokken is niet alleen het gesprek met elkaar, maar ook met mensen om ons heen.

Toegegeven, het gesprek met onze ouders heeft wel even op zich laten wachten, net als bij Wobie. Het is een paradoxale worsteling, waarbij je aan de ene kant wilt uitschreeuwen wie je bent – je wil dat de worsteling voorbij is, dat iedereen het weet en je geaccepteerd wordt door de mensen die je liefhebt – en aan de andere kant wil je het met niemand delen en wil je het zelf oplossen. Er is een angst om als anders te worden gezien, want wanneer je het eenmaal hebt gezegd, kun je het niet meer terugnemen.

Het is jammer dat het zo'n struggle is om jezelf te kunnen zijn. Het maakt zichtbaar dat de strijd om gelijkwaardigheid nog niet voorbij is. We zouden net zo gemakkelijk moeten kunnen zeggen dat je op mannen valt als op vrouwen, en het feit dat de worsteling zo groot is laat zien dat volledige acceptatie van homoseksualiteit in de maatschappij nog achterwege blijft. Wij worden ook nagekeken en nagefloten als we over straat lopen.

En we kregen vaak goedbedoelde maar hele

ongepaste reacties toen we eenmaal naar buiten brachten dat we verliefd op elkaar waren:

> 'Grappig, had ik echt niet verwacht, je ziet er niet gay uit!'
> 'Wie van jullie is het mannetje?'
> 'Wat stoer van jullie om hier samen heen te komen, goed dat je dat gewoon durft!'

Alleen als je iets soortgelijks hebt meegemaakt, kun je je voorstellen hoe zo'n worsteling vanbinnen heeft gevoeld. Het heeft ons heel veel moois gebracht, uiteindelijk. Geluk en trots overheersen nu en vanaf het moment dat we die gevoelens toe durfden te laten voelden we ons ook gelijk betrokken bij de community. Je begrijpt het community-gevoel, de vrije manier van denken die je krijgt als je eindelijk trots kunt zijn op wie je bent. Dat brengt ons bij elkaar, de hele regenboogfamilie.

'Het Verhaal' hebben wij nooit afgeschreven. Toen we zagen dat we brieven konden insturen als reactie op het boek dat ons zo heeft bewogen, vonden we dit een mooie kans om 'Het Verhaal', ons verhaal, er toch weer eens bij te pakken. Op deze manier schrijven wij het laatste hoofdstuk van onze worsteling en laten we de grijze wolk nu echt helemaal achter ons. Wij kiezen voor een wereld samen, met glitters, confetti en een hele grote regenboog.

Liefs,
Sabine & Willeke

Ik laat het verhaal van Sabine en Willeke nog een keer door mijn hoofd gaan; alsof ik een videoband terugspoel en nadenk over de bijzondere boodschap van deze brief. Ik vind het vooral bijzonder dat ze sámen de brief hebben geschreven. Samen stiekem een verhaal schrijven kan heel romantisch zijn. Sterker nog, bedenk ik me, als ik in de toekomst een vriend krijg lijkt het me geen slecht idee om het uit te proberen. Maar het verschil zit hem erin dat ik er dan voor kiés om samen met een geliefde een verhaal te schrijven. Terwijl er voor Sabine en Willeke niets te kiezen viel. Ze voelden zich gedwóngen om hun verhaal in verborgenheid te vertellen.

Ik leun achterover in mijn stoel en laat mijn hoofd kopje onder gaan in oude herinneringen. Het is een avond in Amsterdam waar mijn hoofd naartoe terug wil.

Lichtjes gingen langzaam aan toen ik begon aan mijn wandeling. Dat deed ik vaker, een kleine inspectie van de stad, of alles nog stond zoals het hoorde te staan. Tot mijn geruststelling kon ik vaststellen dat ze er goed bij lag vanavond. Als een diva met sieraden en make-up had ze de dag overleefd, en als een diva ging ze nu ook de nacht tegemoet. De met krullen en trapgevels versierde huizen gaven Amsterdam een sprookjessluier.

'Ik moet ophangen,' had een vriend met wie ik al wandelend belde abrupt gezegd toen ik bij het drukke Rembrandtplein kwam.

Ineens voelde ik me eenzamer. Kwetsbaarder. Alsof een iets te enthousiaste winkelbediende opeens het gordijn wegtrekt waarachter je rustig kleren staat te passen. Ik was bang voor wat er kon of zou gaan gebeuren, zonder dat ik wist wat dat precies was.

Verderop, op de Kloveniersburgwal, leken ook de lampen verlegen te worden. De lichtjes waren vanavond niet in staat om de donkerte weg te schijnen. De stad was rustig hier, opmerkelijk rustig.

Er was een auto naast me komen rijden. Zonder opzij te kijken hield ik hem in de gaten, terwijl hij stapvoets met me meereed. Maar niet als een zorgzame ouder die je naar school brengt.

Langzaam ging het raam open.

Een overdreven 'haaaaaaaaai', gevolgd door een pesterige opmerking en een hand die slap heen en weer bungelde. Ik keek op en verbrak de oogverbinding direct. Kort daarop werd het gaspedaal gelukkig ingedrukt.

Heel even schaamde ik me voor wie ik was en voor het roze jasje dat ik droeg. Het kwetsende en denigrerende 'haaaaaaaaai' had ervoor gezorgd dat ik me vernederd voelde. Terwijl de auto wegreed wandelde Dominique Jackson, ster van de Netflix-serie *Pose* en transgender, mijn hoofd binnen. In een speech over mensenrechten zei zij ooit: 'Nooit zal ik iemand vragen om respect te hebben voor mij. Ik zal het eisen.' Haar stem daverde in mijn hoofd. Gelijk had ze.

Wij zijn een nieuwe generatie. Een generatie die niet meer vraagt om respect maar respect zal eisen – van iedereen. Die strijdbare middelvingermentaliteit hebben we hard nodig. Al die kleine en grote pogingen tot vernedering vormen druppels in een grote, onstuitbare roze rivier. En elke blokkade, elke hobbel, elke dam zal omver worden geblazen door de roze waterval. Om op die manier te laten zien wat verliefdheid is, wat vrijheid is.

Jackson had gelijk, besefte ik eens te meer, en ik rechtte mijn rug om mijn wandeling te vervolgen. Dieper en dieper de stad in.

Tijdens het wandelen hoorde ik vrije vogels vliegen, die op zoek waren naar een thuis om deze nacht veilig door te brengen. Mijn schoenen vervolgden hun weg en namen mijn voeten met zich mee; en niet alleen mijn voeten. Ergens vermoedde ik dat mijn schoeisel geïnspireerd was door de rode schoentjes uit het sprookje van Hans Christian Andersen. En hoewel mijn schoenen mij niet eeuwig zouden laten dansen, zou het me niks verbazen als ze hadden bedacht dat het een langere avondwandeling werd dan ikzelf had ingeschat. Problematisch vond ik dat overigens allerminst; Amsterdam en ik hadden per slot van rekening een aantal zaken te bespreken, of op z'n minst te overpeinzen.

Midden op de Nieuwmarkt keek ik om me heen. Het licht van de lampen was hier aanweziger. En geler. Of eigenlijk: oranjegetint. Als een avondzon boven zee, die nog even de dag uitzwaait en doet vermoeden hoeveel kleuren in haar licht verstopt zitten. Ik moest aan Lucas denken. De jongen die ik lang, lang geleden, hier op het plein, in de ogen had gekeken. Hij had een potloodfijngetekend gezicht, en een glimlach die je het liefst zou willen stelen zodat je hem op je eigen gezicht kon plakken: als een prachtige pleister die niet verwijderd of vervangen mocht worden.

Ik had Lucas willen zoenen, maar durfde dat niet. Vanwege de mensen die ver weg aan de randen van het plein op het terras zaten en toch te dichtbij waren. Reacties, opmerkingen of misschien zelfs goedbedoelde uitroepen – koste wat kost wilde ik dat vermijden: een zoen diende geen politiek statement te zijn.

Terwijl ik daar stond, vroeg ik me af hoeveel niet uitgevoerde knuffels, hoeveel niet gezoende monden, hoeveel niet hand-in-handwandelingen er in de straten, stegen en langs de grachten verborgen lagen. Of eigenlijk, verbroken en verbrijzeld nog voordat ze waren uitgevoerd. Knuffels, kusjes en hand-in-handmomenten die als vallende vazen in scherven waren uiteengespat. Op elke stoere straathoek, in elke bange steeg, bij elk peinzend pleintje kon een niet voltooide liefdeshandeling liggen.

Een warme traan en een gelukkige glimlach verschenen op mijn gezicht, nog voordat ik wist waarom. Maar spoedig drong de reden zich op. Het kwam door Lucas, want Lucas had inmiddels een vriend gevonden. En zijn verliefdheid zichtbaar omarmd. Lucas was een hand-in-handjongen geworden.

Deze gedachte leek me op te tillen. Alsof iemand onzichtbare haakjes en draadjes aan mijn lichaam had gemonteerd en me als een trekpop drie millimeter boven de vaste grond deed zweven.

Zwevend en zwierend vervolgde ik mijn weg langs de stille grachten, de slapende bomen en hier en daar een vrije vogel. In de verte wapperde een regenboogvlag fier heen en weer.

Zoals Lucas zichtbaar zijn liefde had omarmd, zo schermt Caya haar dagboekfragmenten niet langer af voor de buitenwereld en zo heeft Robin niet meer het gevoel dat ze op de zeebodem verstoppertje moet spelen terwijl roggen over haar heen drijven als onderwaterwolken.

Ik kijk naar het vakantiehuis; het ligt er lief bij. Inmiddels is de zon definitief vertrokken en klikken de kerstlichtjes in de lucht aan; een voor een worden de sterren zichtbaar. Het lijkt alsof de hemel hier meer sterren telt dan in Nederland.

Beste Wobie,

CONFETTIREGEN, ik weet eerlijk gezegd nog niet waarom je boek deze titel draagt (ik ga het spoedig lezen) maar vanavond zag ik Nicolaas Veuls documentaire *Pisnicht: The Movie* met een regen van confetti beëindigen.

Geroerd was ik na het zien van deze docu, en ook boos en verbaasd waarom mensen zich anno 2020 nog steeds moeten spiegelen aan denkbeelden en opvattingen die kennelijk nog steeds gangbaar en breed geaccepteerd zijn in onze maatschappij. Een gevoel van verstikking maakte zich van mij meester. Helaas is vrijheid in de ruimste zin van het woord in Nederland nog lang niet voor iedereen weggelegd, dat werd mij wel duidelijk.

Dit gezegd hebbende moet ik de hand in eigen boezem steken. Ik ben nu een man van vijftig jaar. Hetero, dan weet je dat maar. Met de vorige zin wil ik aangeven dat ik in het verleden mensen, inclusief mijzelf, in hokjes en/of categorieën plaatste. Dit gaf mezelf de mogelijkheid om duiding te geven aan verschillen in de maatschappij. Ik hoor hierbij, toevallig een grote groep, en jij valt daarbuiten, maar dan pas jij toch mooi in een ander hokje! Lekker overzichtelijk en het geeft een enorm gevoel van veiligheid om tot een grote groep te behoren. Wanneer ik bijvoorbeeld dacht over mensen met een andere seksuele geaardheid dan de mijne, dan was het uitermate handig om dit in hokjes te kunnen plaatsen. Overzichtelijkheid voor alles. Bovendien kon ik zo gemakkelijk de acceptatie hiervan veinzen: 'zij' zaten toch in een ander hokje, dus dat kan je dan eenvoudig beweren.

Als tiener in de jaren tachtig van de vorige eeuw had ik het gevoel dat we als maatschappij ruimdenkend waren, of ons op zijn minst op de goede weg daarnaartoe bevonden. Terugkijkend daarop moet ik constateren dat het een streven was naar een doel dat tot op de dag van vandaag nog niet is gerealiseerd. Misschien is het allemaal wel een schijnacceptatie gebleken. In de trant van: kijk ons Nederlanders eens tolerant zijn tegenover allen die we nu kennen als LHBTI+'ers. Maar dat de tolerantiegraad in feite ver onder de maat was wordt duidelijk als je kijkt naar de agressie en het fysieke geweld dat we in die jaren hebben gezien.

Ik heb het gevoel dat de hokjesgeest nog steeds hoogtij viert. De maatschappij van vandaag wordt nog altijd gekenmerkt door een geestelijke bekrompenheid die maakt dat vele mensen zitten opgesloten in een kast. Een kast waarvan wordt beweerd dat je daar uit moet komen. Waarom eigenlijk? Een kast kan mensen ook hun eigen gevoel van veiligheid en geborgenheid geven. Zodra je dan de deur van die kast opent, loop je de kans om te worden neergesabeld wanneer blijkt dat jij in de ogen van anderen tot een bijzonder hokje blijkt te behoren. Dan houd je de deur liever op de haak, toch?

In *DWDD* sprak je over de worsteling die jij zelf hebt ervaren bij het openen van jouw deurtje. Ik heb de uitzending gezien en ik werd bevangen door emotie. Ik kende je van eerdere optredens in verschillende tv-programma's. Ik vond het altijd mooi om te zien dat je een uitgesproken mening en een eigengereid karakter hebt. Het raakte me om te horen hoe je hebt moeten worstelen om er tegenover je gezin voor uit te komen wie je bent. Dat er vele jaren van moeilijkheden aan vooraf zijn gegaan. In eerste instantie was mijn reactie er een van ongeloof. Hoe kon jou dit overkomen, met in mijn ogen zeer ruimdenkende ouders? Later begreep ik dat het niet om jouw ouders ging, maar juist om jou.

Een klassieke denkfout van mij, zeker. Hoe

opgesloten kun je zitten? Veelzeggend.

Ouders, ja, ik ben er ook een. Je denkt je kinderen te kennen. Korte tijd na jouw *DWDD*-optreden gaf mijn jongste dochter in een laat-op-de-avond-gesprek aan dat haar voorkeur uitgaat naar vrouwen. Mijn gedachten gingen direct in turbostand. In een kwestie van seconden. Waarom had ik dit zelf nooit gezien of gevoeld? Ik kreeg het gevoel dat ik haar in de steek had gelaten. Pijnlijk, maar vooral voor haar. Je wilt je kind steunen maar op dat vlak was ik afwezig geweest. Ik vroeg nog: 'weet je het zeker?' Stomme vragen bestaan dus wel!

Ik heb haar vastgepakt en gezegd dat het goed was, dat ik trots op haar was en dat ze moest doen wat ze was. Ook heb ik gezegd dat het voelde als een déjà vu, na de *DWDD*-uitzending met jou.

Misschien herkennen andere ouders en kinderen zich in mijn onwetendheid. Hoe kunnen we dit verbeteren zodat kinderen minder hoeven te worstelen? Ik weet het niet. Moeten we een soort APK invoeren, onderling, zodat we weten waar we staan?

We moeten streven naar een maatschappij waarin het niet langer nodig is om een verklaring

af te leggen over wie je bent en van wie je houdt.
Weg met de kast die mensen gevangenhoudt.

Leef!

Met vriendelijke groet,
Marcel van der Weijden

Even kijk ik op naar de lucht; ik zoek de maan. Maar die laat haarzelf nog niet zien; een goed moment om ten tonele te verschijnen ligt klaarblijkelijk in het verschiet. Ik vind het mooi dat een vader opnieuw naar zijn ideeën kijkt en tot een ander standpunt komt. Ergens begrijp ik hem ook wel; dat hokjes het makkelijker maken, dat het prettig is de wereld schaakbordtechnisch in te delen. Net zoals je soms je kamer opruimt; kleding bij kleding, pennen en potloden bij elkaar, speelgoed in de speelgoeddoos.

Maar mensen zijn geen zaken die opgeruimd moeten worden. Juist de chaos die al die verschillende mensen met zijn allen vormen, juist de chaos die elk mens ook vanbinnen is, juist dat is waar het om gaat. Iedereen is een kerstboom, met haar of zijn eigen kleuren, slingers, lichtjes, versieringen en dennennaalden. Als je je voorneemt nieuwsgierig te zijn naar ieders decoratie, dan hoef je je geen zorgen te maken of je iemand wel kunt labelen. Producten in winkels hebben labels nodig, mensen niet.

De brief leg ik voor me neer, maar nog niet op de Gelezen-stapel. Hoewel de boodschap van deze vader eenvoudig of zelfs voor de hand liggend lijkt, is het een belangrijke brief. Het lijkt namelijk alsof er in onze maatschappij steeds minder ruimte is voor het komen tot nieuwe inzichten. Als je een mening hebt, moet je die mening voor altijd bij je houden – alsof die voor eeuwig zit vastgespijkerd in je lichaam. Twijfel dient te worden uitgegumd. Ergens op terugkomen omdat je er bijvoorbeeld langer over na hebt gedacht of iemand hebt gesproken die een ander perspectief met je deelt; het lijkt alsof we elkaar die ruimte niet meer gunnen. Terwijl iedereen wel eens een moment heeft gehad waarop zij of hij dacht: *hmmm dit had ik zo niet bedoeld* of *hier denk ik inmiddels toch anders over*.

We zouden elkaar die ruimte weer moeten geven, zodat we daarna ook weer meer durven te zeggen. Alleen als je iets zegt, kan er een gesprek ontstaan, waardoor je door de antwoorden en reacties weer op een nieuw gedachtepad kunt worden gezet. Wie niet praat, blijft spreken in zijn eigen hoofd en hoort daar alleen zijn eigen woorden tegen de wanden weerkaatsen.

Nu ontstaat er soms een situatie waarin we iets niet uitspreken uit angst voor de oordelen en reacties van anderen. Zeg je per ongeluk iets verkeerds, dan ben je voor altijd verkeerd. Je verandert in een stopbord; niemand zal meer jouw straat ingaan. Deze brief van deze papa laat zien dat het ook anders kan.

De brief laat me ook terugdenken aan mijn eigen ouders. Toen ik hun vertelde dat ik een leuke jongen had ontmoet – ik kwam niet úít de kast, want ik was daar nooit zelf in gaan zitten – vroegen ze na een tijdje wat ze misschien anders hadden kunnen doen. Ze hadden het gevoel dat ze het toch niet helemaal goed hadden gedaan.

Ik heb ze gezegd dat ze het wél goed hebben gedaan en dat ze zullen moeten accepteren dat je sommige reizen als kind alleen maakt; sommige paden kun je als ouders niet voor je kind bewandelen, die maakt een kind hand-in-handloos.

Als kind legde ik soms op de hoofdkussens van mijn ouders een brief neer. Daarin lagen puzzelstukjes van de waarheid verborgen, maar nu ik ouder ben realiseer ik me dat wat ik duidelijk vond opgeschreven voor hen misschien te goed verstopt zat tussen de overige regels. Nu ik hier in Zweden al die brieven lees, realiseer ik me dat je als ouder ook een brief kunt schrijven; als je ziet dat er iets speelt bij je kind en je pogingen om rechtstreeks contact te maken worden niet beantwoord of zelfs afgewezen, dan kun je het misschien proberen via een brief. Dan is er indirect contact; dat kan een kind de ruimte geven waar het naar verlangt als het nog zoekende is.

In mijn hoofd zie ik de knuffel voor me die Marcel zijn dochter heeft gegeven nadat ze het geheim dat ze met zich meesleepte met hem had gedeeld. Ik glimlach omdat ik weet hoe belangrijk die knuffel is. Het is een knuffel die je nooit vergeet en waar je altijd op terug zult kunnen vallen.

Terwijl ik Hond Bril zachtjes hoor snurken, pak ik een volgende brief. Ik heb het gevoel dat het een lange nacht gaat worden, maar zowel de nacht als ikzelf hebben daar geen problemen mee.

Mijn zoon, prachtige vent van eenentwintig, komt de keuken binnen in een gewaad. Als een kobaltblauwe verschijning komt hij aan fladderen. Als kleintje deed hij al niets liever dan zich verkleden in jurken en gewaden waarmee hij kon ronddraaien als een Turkse derwisj. Volmaakt gelukkig was hij als hij op die manier de rok en de stof om zich heen kon laten cirkelen. Zijn grote blauwe ogen straalden en zelfs de jurk leek volkomen in haar element – 'Dit is waar ik voor gemaakt ben; om zó om jouw lijf en benen mee te golven.'

Hij vertelt me dat hij als Alice in Wonderland naar een festival gaat. Ik vraag hem hoe hij op het idee kwam om dat personage te kiezen. Waarop hij zegt dat hij Alice vindt passen bij het festival Into The Woods. De meest vreemde wezens komen daarheen en Alice kwam in haar verhaal ook hele bijzondere types tegen. Dat bijzondere en gekke spreekt hem juist zo aan. 'Trouwens,' zegt hij, 'Ik heb wat met sprookjes. De afgelopen weken was ik ook al eens Assepoester en Roodkapje. Roodkapje dan wel in de horrorversie.'

Heel even voel ik de oude angst weer opkomen.

Dit prachtige kind gaat straks over straat en stel nou dat hij een of andere gladiool tegenkomt die niet verdraagt dat deze man als mooie blauwe Alice over straat gaat.

Maar dan komt er een grappige gedachte bij mij op. Als die gladiool iets naars wil doen, of alleen maar lelijk naar Alice kijkt, dan kom ik ten tonele. Als ridder te paard. En dan trek ik mijn zwaard... Blijkbaar heb ik ook wat met sprookjes.

Maar wat ik allang weet is dat Alice zichzelf draagt en veel situaties al prima weet te hanteren. Als hij in de trein zit en een groepje jongeren ineens schrikt en schreeuwt omdat ze dachten een mooie vrouw te zien die ineens man blijkt te zijn, kijkt hij ze rustig aan en zegt: 'Ja... Dus?' Groepje druipt af.

Daarmee is dit kind een cadeau voor de wereld. Omdat hij laat zien dat je Alice of wie dan ook mag zijn. Dat je de ene dag in je blauwe jurk mag rondzwieren en de volgende dag in je legerboots kan rondbanjeren. Dat je kunt zijn wie je wilt zijn en dat welk etiket dan ook de lading niet dekt. De lading is namelijk groots: de zon en de maan tegelijk. Mijn kind kleurt de wereld mooier en ik kan er alleen maar met trots en in stille verwondering naar kijken.

Hij huppelt de straat uit richting festival. Pas dan zie ik dat een deel van zijn blauwe jurk uit mijn kledingkast is gejat. Daar moeten we nog wel eens een goed gesprek over hebben.

Ik hoor mijn eigen lach als ik de laatste zin lees. Ergens in mijn ogen voel ik een kleine glinstering; het geluk en de krachtige uitstraling van deze Alice ontroeren me. Op de een of andere manier denken we soms dat sprookjes alleen voor kinderen zijn en schaffen we ze af als we ouder worden. Maar waarom zou je magie, fantasie en verwondering niet je hele leven bij je willen dragen? Deze Alice laat zien dat dat kan, en ik merk dat ik een beetje verliefd wordt op die eenentwintigjarige jongen; niet omdat ik weet hoe hij eruitziet, ook niet omdat ik weet hoe hij van binnen echt is. Maar dat verliefdheidsgevoel is er omdat hij de vrijheid omarmt. En die vrijheid ook uitdraagt, het met twee handen heeft toegeëigend en er ongeremd van weet te genieten.

Die vrijheidsbeleving zou je iedereen gunnen. Door zelf zo zichtbaar de vrijheid op te eisen en door zelf zo zichtbaar zichzelf te zijn, creëert hij voor anderen ook meer vrijheid. Hij stijgt boven de menigte uit, dwars door de onzichtbare wetten van een maatschappij heen, en daardoor trekt hij anderen die misschien nog twijfelen mee naar boven.

De avond is inmiddels dichter naar de nacht gekropen en in het gelige pakket zoek ik naar een specifieke envelop. Het is een brief die ik graag wil lezen, maar toch ook weer niet; omdat ik weet dat hij me sowieso zal raken, los van de woorden die zijn gekozen. Ik weet namelijk dat mijn eigen moeder een brief heeft gestuurd.

Nu de sterren en ik alleen zijn en in de verte zelfs de nachtdieren niet meer ritselen, lijkt het me een goed moment die brief te lezen.Ik haal adem, knik de buitenhaard gedag, zwaai naar de sterren en verlaat dan de Zweedse wereld en duik de brief van mijn mama in.

Liefste zoon,

Derde zoon in ons gezin, je kwam op 3 maart 1996. Mijn zeer gewenste derde kind, ik voelde me een koningin. Een Splintertje van de moeder, letterlijk.

De avond ervoor, 2 maart, hoorde je een boor, om gaten te maken zodat ik planken in de kasten kon ophangen. Enkele weken eerder verhuisde je in mijn buik mee naar de Duinenlaan; je oudere broers hadden kamers op de zolderverdieping; papa, jij en ik kamers op de tweede etage. Een prinsenkamer voor jou, met Peter Rabbit en zijn vriendjes op de gordijnen. Een paar maanden daarvoor besloot ik een huis te kopen voor het gezin, om ervoor te zorgen dat jullie altijd een dak boven jullie hoofd zouden hebben. Met een schrijvende vader, die constant in een andere werkelijkheid leeft, leek me dat broodnodig.

We waren met ons vieren een ware koffiereclame. Eigenlijk wilde ik arts worden, zonder man en poespas. Het eerste lukte. Maar met mijn geliefde kwamen man en 'poespas' gelukkig toch in mijn leven.

Een derde kind leek mij wat ontregelender. En dat werd je. Een sprankelend jongetje, vol fantasie. Het liefst had je je matrozenpakje aan. In een Franse supermarkt zette je een zonnehoedje van stro met een glanzend lichtblauw lint op. De hele vakantie hield je het op, als het jongetje uit *Death in Venice*, volgens mijn vader, jullie opa Tomaat – die mee op vakantie was nadat mijn moeder het jaar daarvoor was overleden.

Je huppelde rond en maakte opa Tomaat blij: 'Wat een bijzonder kind.' Vier jaar was je.

In *CONFETTIREGEN* beschrijf je je belevenissen op jullie Haagse basisschool. Heel wat traantjes heb ik gelaten bij het teruglezen van alle verhalen.

Temperamentvol en enthousiast noemden wij je. Druk en lastig vond een juf. De leerkracht leek je van school te willen hebben, maar een test wees uit dat je juist slim was. Ook bleek je vaak op de gang te staan, en dientengevolge een leerachterstand te hebben opgelopen. Die werd snel bijgespijkerd.

Tot mijn nog immer grote verdriet kon ik je niet voldoende opvangen tijdens je moeilijke zoektocht, op de middelbare school, en ook later. Gelukkig had je vele vriendinnen om je heen; hen ben ik zeer dankbaar voor alle steun, opvang en begrip.

Leren interesseerde jou weinig. Toneelspelen, vioolspelen, paarden, feestavonden organiseren, schoolbestuur en reizen plannen des te meer. Alles liever dan je huiswerk maken.

Lastig was je als je je zin niet kreeg. Achteraf bleek dat je verliefd was op een jongen, dat je je geen raad wist en mee wilde op de Praagreis waar hij aan deelnam. Ook als we expliciet vroegen naar wat er in je omging, gaf je ontwijkende antwoorden. In gesprekken met mijn vrienden werd me geadviseerd om je zelf je weg te laten vinden. Jongeren zouden hun twijfels niet willen bespreken met hun ouders.

Erg boos was ik op leerkrachten die jouw fantasie de grond inboorden. Als jij gras oranje kleurde kreeg je te horen dat zoiets niet kon. De tekening hangt nog steeds in onze hal.

Jarenlang heb ik in je schoolrapporten geklie-derd, ze aangevuld en verbeterd, en je cijfers naar boven bijgesteld. Waar de leerkrachten zich vaak kritisch konden uitlaten, voorzag ik de rapporten van lovend commentaar.

Het onmogelijke bankje (volgens de handvaardigheidjuf, maar een prachtonwerp volgens mij), heb ik met heel veel plezier levensgroot voor je vervaardigd, inclusief het geheime plekje.

Zo liet ik je hopelijk voelen dat het mocht, je geheim; dat het goed was.

Op mijn beurt vond ik ontzettend veel steun bij jou in een moeilijke periode in mijn leven. Zonder overdrijven kan ik zeggen dat ik het niet had gered zonder jou. Je woonde weer even thuis en dat was mijn grote geluk. Je bént mijn grote geluk. Dankjewel voor het zijn van mijn fantastische zoon, ik zal je altijd in alles steunen,

je zeer liefhebbende mamamamamama, kus

In mijn ogen waren dezelfde Roze Glittertranen terug die ik eerder had gehad, jaren geleden, toen ik tijdens kerstavond vertelde over dat geheim waarmee ik geworsteld had. Een brief van je eigen mama doet zoveel meer met je dan je van tevoren verwacht. Hoewel je weet dat ze van je houdt en over bepaalde zaken gedachten of zelfs een uitgesproken mening heeft, is het altijd anders als ze opeens staan afgedrukt. Op papier wordt de waarheid extra waar. Getatoeëerde gedachtes; terugleesbaar. Wat er ook zal gebeuren; ik kan via de brief altijd in mijn mama's hoofd kijken.

Opnieuw loop ik over het met houtsnippers bezaaide pad richting het meer. Met alleen het bijna knipogende licht van de sterren probeer ik valpartijen te voorkomen. Bij het strandje betreed ik de steiger. De maan is de enige badgast, daar was ze dus. Het is stil bij het meer, alsof ook de maan slaapt.

Enkele kleine golfjes doen mij vermoeden dat ze zachtjes snurkt. Het valt me op hoe helder de maan hier schijnt; alsof ze voor het slapengaan dichter naar ons toe is gekropen.

Na een tijdje op de steiger te hebben gestaan – mijn gedachtes probeer ik als as over het meer uit te strooien – krijg ik het gevoel dat achter mij iemand een lichtje heeft aangedaan. Of meerdere lichtjes. Alsof in de verte in een huis alvast een kerstboom is aangezet en via het niet-met-gordijnen-afgedekte woonkamerraam kerstlicht naar buiten wordt gesmokkeld.

Als ik me omdraai zie ik dat het werkelijke verhaal nog veel mooier is; tientallen vuurvliegjes zijn in een zwerm bijeengekomen. Alsof ze een gala hebben in het maanlicht bij het meer. Als ik iets fluister of wat hard adem wijkt de zwerm synchroon uiteen, om op hun oude plek terug te keren zodra ik weer stil word. Het lijkt alsof tientallen Tinkerbells zich hier deze nacht hebben verzameld.

Mijn gedachtes gaan terug naar Alice, naar hoe hij in sprookjes gelooft. Magie ligt vaak voor het oprapen – jezelf toestaan om het te zien is de truc.

Een nieuwe dag is al een paar uur onderweg; de ochtenddruppels op het grasveld voegen zich weer tussen de wolken en een arend piept hoog in de lucht in de hoop dat een nieuwe jachtronde wel succesvol zal eindigen. Aan de zijkant van het huis zie ik een Zweedse vlag wapperen, wat me doet denken aan een gebeurtenis een paar weken geleden.

Op mijn mobiel had ik zitten kijken naar een protestbijeenkomst voor de Pride. Het Koninklijk Concertgebouw had hiervoor zijn deuren geopend. Speeches en optredens wisselden elkaar af. Plafondhoge regenboogvlaggen met de tekst: 'Be who you are – Love who you want' gaven de statige zaal kleur.

Net als tijdens de Olympische Spelen was er bij het Pride-protest in het Concertgebouw een vlaggenparade. Geen vlaggenpolonaise van trotse vlaggen, maar 72 vlaggen van schaamte. Vlaggen van de landen waar homoseksualiteit nog in het Wetboek van Strafrecht staat. Terwijl de vlag van Algerije langs het podium werd gedragen, werd de maximale straf voorgelezen die een rechter de liefde kan opleggen, *2 jaar*. De volgende vlag kwam eraan. *Nigeria: doodstraf. Singapore: 2 jaar.* Vlag. Land. Straf. *Malediven: 8 jaar.* Ooit zullen mensenrechten olympisch kampioen worden en wint verliefdheid goud.

Rechts voor het podium stond, mondkapbedekt, Hans Verhoeven, een regenboogactivist van het eerste uur. *Tanzania: levenslang.* Als een voetbalcoach regelde hij welke vlaggendrager met welke vlag langs het podium moest lopen. *Kenia: 14 jaar.* Hans zien staan herinnerde me aan zijn uitspraak: 'Wil je iets veranderen in de maatschappij, dan moet je zichtbaar zijn.' *Verenigde Arabische Emiraten: doodstraf.*

Later die dag fietste ik met wat vriendinnen uit de regenboogfamilie door de stad. Uit ramen klonk huiskamergefeest. Jongens smeerden glitters op hun wang, omdat ze zichtbaar mochten schitteren. Kleurrijke kleding kreeg in het straatbeeld de overhand.

Overal in Amsterdam waren regenboogbubbels: groepjes mensen die hadden besloten dat de Pride niet ongezien en onopgemerkt voorbij mocht gaan. Gescheiden champagnebubbels, want helaas ontbrak het gemeenschappelijke ontkurkingsmoment. Heimwee naar iets wat niet was, sluimerde door de stad.

Terwijl de grachtengolven tegen de boot tikten en we rustig verder voeren, zag ik de protestvlaggen opnieuw voor me. Jezelf nooit laten uitwissen. Niet laten weggummen. Jezelf nooit meer hoeven te verstoppen. Ik realiseerde me dat eens te meer en pakte mijn mobiel om een bericht te sturen naar een dierbare vriend. 'Ooit maken we een reis, door alle landen waar we verboden waren.' Een paar grachten verderop kreeg ik antwoord: 'Wanneer gaan we?'

Die herinnering en zijn berichtje doen me deze ochtend glimlachen. We moeten nog een datum vinden wanneer we gaan. Een voor een doe ik de brieven terug in het gelige pakket. De brieven tonen mij hier in Zweden hoe verstopte levens in Nederland eruitzien. Opeens is er zoveel meer duidelijk en zoveel meer zichtbaar. De brieven liggen inmiddels niet alleen meer keurig in het pakket, maar ook in stapeltjes in mijn hoofd. Gesorteerd, gerangschikt en klaar om keer op keer opnieuw te worden gelezen. Ik besluit dat de brieven in mijn hoofd en ik er samen even opuit moeten.

Dertien minuten later start brommend en grommend de auto en rijd ik hobbelend over het zandpad dat me van het vakantiehuis naar de verharde weg brengt. Grind drukt zichzelf in de wielen, takken zorgen voor drempels, gaten en kuilen in de weg dringen de auto nu eens naar links en dan weer naar rechts. Alsof de auto keer op keer zijn enkel verstuikt. Ik vraag me af of de auto zichzelf misschien liever ergens had willen parkeren; op het grasveld links of tussen de bomen rechts bijvoorbeeld. Maar het gaspedaal blijft ingedrukt en het stuur recht. Uiteindelijk vinden de wielen vaste ondergrond en bereikt de auto de geasfalteerde weg. Geen hobbels, verstuikte enkels en kreukels meer.

Ik rijd richting Lund. Een groot dorp dat het predikaat van stad omgehangen had gekregen. Toen ik van huis was weggereden, had de zon zich nog achter de wolken opgehouden, maar nu stapt ze uit de coulissen en komt tevoorschijn – Lund wordt op een presenteerblaadje opgediend.

Op het midden van het centrale plein spuit een fontein als een ontkurkende champagnefles water de lucht in. Het plein wordt gecompleteerd door bomen die nog deze ochtend een knipbeurt hebben gehad en door bloemen die van dezelfde hovenier complimentjes hebben ontvangen. De planten staan erbij alsof ze elk moment kunnen worden geroepen voor een zondagochtendontbijt.

Rondom de fontein staan bankjes – hier in Lund hebben die daadwerkelijk een taak; in de grote steden wanen mensen zich te druk om er even plaats te nemen, maar hier vinden de banken vele vrienden. Er zitten oude mensen die hun dagen louter nog vullen met zitten en die voorbijgangers gevraagd en ongevraagd van levensadvies voorzien. Ze fungeren als Tiresiassen van deze stad; hoewel hun ogen steeds minder gaan zien, zien ze feitelijk meer.

Over het uitgeruste plein lopen kleine families; vaders en moeders met een of twee kinderen. Af en toe rijdt er een verdwaalde auto langs – auto's lijken in deze stad onwelkome gasten, de straten zijn middeleeuws leeg. Je zou minder bekijks trekken als je met paard en wagen een ronde zou maken.

Ik ga zitten op het terras van een oud hotel dat, te zien aan de pronkerige parasols en nog onbeschadigde borreltafels, recentelijk is voorzien van nieuw elan. De plastisch-chirurgische operatie is bij dit hotel succesvol verlopen; een oude dame in een vermaakte japon.

Vanaf het terras zie ik jongens voorbijlopen. Ze zouden allemaal een Roze Brief hebben kunnen schrijven. Overal waar je kijkt, zijn Roze Brieven verstopt – de vraag is of ze ooit gevonden of gelezen zullen worden.

Aan de andere kant van de fontein lopen twee jongens, lichtgetint, de armen om elkaars nek. Als takken van bomen die met elkaar verstrengeld zijn; vanaf de grond omhoogkijkend kun je niet meer achterhalen welke tak van welke boom is. Zo vergroeid zijn ook zij. Alleen hun voeten hebben aandacht voor de straat, de andere delen van hun lijf hebben uitsluitend belangstelling voor elkaar. Af en toe legt een van de jongens zijn hoofd in de nek van de ander, en als een wipwap wisselen ze dat bij elkaar af. Ik moet glimlachen en probeer het tafereel met mijn ogen te fotograferen. Het is mooi om te zien; ze lopen zo vanzelfsprekend, zo zelfverzekerd, zo vrij. Alleen het oude hondje van een van de oude dames blaft wat, maar dat is de enige vorm van protest. En met een beetje goede wil kan je dat evengoed interpreteren als toeblaffen, niet als uitblaffen.

Rechts van het plein loopt een blonde jongen over de stoep langs een etalage, zijn kapsel corrigerend en zichzelf daarmee een shot zelfvertrouwen toedienend. Heel even denk ik dat het Lucas is en wil ik hem roepen en naar hem zwaaien. Ik zou hem aan tafel willen uitnodigen en vertellen wat ik allemaal heb gelezen, ik voel dat mijn arm in beweging komt en mijn benen zich gereedmaken om overeind te komen. Maar na een pingpongsnelle blik te hebben uitgewisseld, voel ik de teleurstelling – hij is het niet.

Aan de linkerkant van het plein zie ik een dame met bruine haren. Brievenschrijver Y? vraag ik mezelf. Opnieuw voel ik mijn arm omhoogkomen, mijn benen naar de startblokken zoeken. Maar dit keer hoef ik niet te wachten totdat ze omkijkt; ik weet dat ik op zoek ben naar de gezichten die bij de brieven horen.

Even later loop ik door de straten en stegen van Lund. Er hangen slingers in de straten. De stad is versierd. Alsof iedereen jarig is, alsof iedereen iets te vieren heeft. Ik sla links af een steeg in, omdat ik het gevoel heb dat iemand die steeg vanochtend heeft schoongeveegd. Het zijn mijn voeten die nu als eerste de steeg weer betreden. Alles lijkt nieuw, terwijl alles oud is. Alles lijkt schoon, terwijl alles sporen vertoont van oude tradities en langdurig gebruik. De huizen staan in deze steeg al eeuwen schouder aan schouder.

Het steegje komt uit op een klein, verstopt pleintje dat stoffer-en-blikschoon is. Onder een boom zitten twee jongens op een bank. Ik ben beland in een Elio-Oliver-land. En hoewel ik weet dat de klok ook vandaag geen uitzonderingen zal maken, zou ik willen dat de dag niet verstrijkt en dit moment niet op slot gaat.

Ik blijf kijken, naar hoe die twee jongens op het bankje steeds dichter naar elkaar toe schuiven. De twijfel tussen hen in is flinterdun en eerder flirterig dan onzeker. Een van de jongens heeft een spijkerbroek aan waar een blote knie uitsteekt. Blonde haartjes krullen daar de vrijheid tegemoet. Hij heeft een wit shirt aan met korte mouwen en dunne kleurrijke strepen; het lijkt alsof iemand met een potlood lijnen op zijn shirt heeft getekend. Ik vermoed dat hij elke ochtend een stuk of dertig push-ups en situps doet; hij heeft prettig gespierde armen en onder zijn shirt zijn kleine spiergolfjes te zien.

De andere jongen draagt een donkergroen satijnen hemd, ook met korte mouwen en knoopjes die van onderaf maar tot de helft worden gebruikt. Zijn nek en een groot deel van zijn borst zijn eenvoudig te zien. Tussen de in de verte aanwezige borstspieren balanceert een kleine ketting. Hij heeft zwart haar en in zijn linkeroor zit een oorbel. Niet groter dan een speldenknop. Het geeft hem een mysterieuze uitstraling.

Hoewel ze doen alsof ze in gesprek zijn, komen er weinig woorden over hun lippen. Ieder van hen tast voorzichtig af hoe leuk de ander hem vindt, maar van een afstandje is duidelijk dat die voorzichtigheid niet nodig is.

Eindeloos lang wil ik kijken hoe ze dichter naar elkaar toe schaatsen, net zolang tot het ongemakkelijk wordt. De boom buigt zich beschermend over hen heen, de plek rondom de boom moet zijn overgeslagen toen het plein werd aangeveegd. Of beter gezegd: met rust gelaten. Of het was de boom zelf geweest die weggewaaide takken en baldadige bladeren had teruggefloten. Speciaal voor dit ene moment. Onder de boom en rondom de bank vallen de eerste goudbruine, zongedroogde bladeren. Maar van melancholie is geen sprake, de bladeren fungeren eerder als de aankondiging van een nieuwe lente.

Drie kwartier later sluip ik stiekem de steeg in om te kijken hoe het de jongens vergaat. Ik zie dat de twee eigenlijk één zijn geworden. En ik weet: hier hoeft het niet beter te worden, hier is het al beter geworden. Oliver-en-Elio-land.

Terug in het vakantiehuis pak ik mijn koffer in, draai alle lichten uit en sluit af. Een van de ramen heb ik op een kier gelaten, zodat er zo nu en dan frisse lucht naar binnen kan glippen. Ik knik het huis vriendelijk gedag, bedank voor haar gastvrijheid en laat haar met rust; voor haar is de vakantie nu pas echt begonnen. Hond Bril springt voor haar doen soepel de auto in.

‘Zoals u kunt zien is het regenachtig vandaag,’ zegt de piloot een paar uur later. Door het gangpad lopen de herkenbare blauwe pakjes vrolijk heen en weer. De hakken van de stewardessen verliezen hun kracht en volume in het zachte tapijt van het vliegtuig. Alsof het kussentjes zijn die de hakken een zachte landing geven.

‘Maar we vliegen vandaag hoog genoeg om boven de grijzige wolken uit te komen. Dat kan voor wat turbulentie zorgen, het moment dat we erdoorheen breken, maar nadat we liefkozend door elkaar zijn geschud vliegen we boven de wolken, in de volle zon. Vroeger dachten ze dat daar de hemel was, u mag zelf oordelen.’

Boven de wolken schijnt de zon altijd.

Het is prachtig, het uitzicht over het wolkenlandschap; vloeibaar porselein. Het lijkt alsof iemand deze middag nog even snel met een poetslap de wolken was afgegaan; stuk voor stuk zijn ze wit opgeboend. Het liefst wil ik het raam openen en de wolken in springen. Er eeuwig in draaien en zwemmen; ik vermoed dat ze om me heen zouden kruipen, me als een bontjas een wollige beschermingslaag zouden geven, maar dan nog meer allesomvattend. Net zolang door de wolken woelen totdat je zelf in witte mist opgaat, het lijkt me geen verkeerd vooruitzicht.

Het wolkenlandschap wordt langzaam drukker. Wilder. Eerst met grote plooien, als dekens die na het slapen niet glad zijn getrokken; een onopgemaakt bed. Daarachter liggen de wolkenbergen. Grote, woeste vormen. Beurtelings vast en vloeibaar. Een tsunami op het hoogtepunt, vlak voor het moment dat het water zich van tientallen meters hoogte tegen de grond zal storten. Dat moment, maar dan in slow motion.

Uit mijn handbagage pak ik een laatste brief, die heb ik bewaard voor dit moment. Vlak voordat ik naar Zweden vertrok was mijn broertje langsgekomen.

'Ik ben toch om de hoek,' had hij aan de telefoon gezegd, 'ik zit op de Keizersgracht, bij Fien.' Fien was z'n vriendin met wie hij nu al een tijdje samen was. Ik woonde inmiddels bij de Beurs van Berlage en met drie goed uitgevoerde koprollen was hij zo bij mij. Hij gaf me een knuffel en propte daarna een brief in mijn hand. 'Deze wil ik je graag nog geven.'

Het luchtruim lijkt me een passende plek om zijn brief te lezen.

Vernazza, Cinque Terre, Italië, zondag 26 juli 2020

Lieve broer,

Terwijl de zon zich moeizaam omhoogtrok, alsof het verblijf aan de andere kant van de aardbol haar zwaar was gevallen, sloop ik stilletjes naar mijn hotelbalkon. Mijn vriendin sliep nog, prachtig zag ze eruit. Het kostte me moeite om uit haar armen te glippen, de omhelzing waar ze me sinds het slapengaan in vast had gezet, was er een om met pijn in het hart uit te ontsnappen. Ik wilde haar bovendien niet wakker maken. En mocht zij door haar dromen heen lucht krijgen van mijn ontsnappingspoging, dan zouden haar armen nog fermer om mijn lichaam worden geknoopt, en zou ik genoodzaakt zijn mijn afspraak op het balkon te verzetten.

Op het balkon in Vernazza schrijf ik jou deze brief. Het is een toepasselijke omgeving. De vroegere bewoners stonden voor een onmogelijke opgave: op een vuistachtig stuk land dat het water had weggeslagen, bouwden ze kleurrijke huisjes. Vanaf mijn balkon lachen de in pastelkleuren geverfde muren de gedane moeite weg, zodat eenieder zonder schaamte jegens de voorouders aan de dag kan beginnen. De gekleurde huisjes kijken zo vrolijk onder hun dak vandaan – jij zou een waardige burgemeester van Vernazza zijn.

Ik denk veel aan je, vrijwel onafgebroken. Sinds het lezen van *CONFETTIREGEN* ben ik vaker gaan huilen. Tranen van verdriet en trots. Met pijn in het hart ontdekte ik via het geschreven woord jouw uitputtingsslag. Je worsteling met je prachtige zelf.

Jarenlang deelden wij dezelfde kamer. De tweede verdieping aan de achterkant. Ik voelde me altijd veilig bij jou op die kamer. Als ik 's avonds niet kon slapen vertelde je vaak een verhaal, over de heks, een goede heks. Of over de kabouter. Af en toe stelde je me dan een vraag en spijkerde je het verhaal bij, zodat ik zelf kon bepalen welke weg zou worden ingeslagen. Samen sliepen we, ieder aan zijn eigen kant, in identieke bedden, met identieke nachtkastjes daarnaast, met op elk daarvan een identieke zwarte Sony-radio. Tot zover de overeenkomsten.

Regelmatig vochten onze muzieksmaken een magisch gevecht uit in het midden van onze kamer. Wij wisten maar al te goed dat de volumeknop van onze radio's maar één kwartslag open mocht staan, anders riskeerden we overlast bij de buren of, erger nog, bij de rest van het gezin. We mochten papa natuurlijk niet storen bij zijn schrijverswerk, een precaire bezigheid die met het pianospel van Schumann of een gitaarsolo van Oasis volledig van de leg kon raken. Wij wisten echter allebei dat het rock-'n-rollgeweld van Oasis uit mijn radiootje, met meer mankracht ten strijde trok dan een Vivaldi of Bach, al kwamen zij nog zo dapper uit jouw Sony gegaloppeerd.

Zodra jij zag dat zij de strijd dreigden te verliezen, schoot jij onze klassieke heren te hulp door de ons opgelegde volumegrens – de bekende kwartslag – te overschrijden. De hoge vioolnoten van Mozart scheurden het *tonight I'm a rock 'n' roll star* van Liam en Noel Gallagher uiteen. (Ironisch: zelden zouden Liam en Noel zo gebroederlijk ten tonele verschijnen als in onze kamer – ze moeten het van ons afgekeken hebben.) Telkens ging het volume net wat omhoog en veroverde nu eens Oasis wat luchtruim en brak dan weer Vivaldi dwars door de geluidsbarrière heen. Totdat de schrijver des huizes het luchtruim sloot en de Sony's energieloos achterliet. En dat voor een rock-'n-roll fan, dacht ik altijd, maar zo werkte het niet.

Wij waren De Kleintjes – de hekkensluiters van

de vier zonen. En nog steeds worden wij in één adem genoemd: hoewel we samen goed zijn voor om en nabij de vier meter, dragen wij nog altijd de titel 'De Kleintjes'.

Wij waren altijd samen.

Onze riante slaapkamer was gekrompen door een oneindige hoeveelheid speelgoed. Wij hadden het geluk dat onze twee oudere broers op den duur een serieuzere leeftijd bereikten – althans naar hun eigen mening – wat niet rijmde met de aanwezigheid van Lego, knuffeldieren, Duplo, blokken en autootjes op hun slaapkamer. Hun speelgoed werd dan ook naar ons verbannen. En wij wisten er wel raad mee.

Als een Hans Christian Andersen liet jij een sprookjeswereld groeien die zich maar moeilijk liet beteugelen door onze kamermuren. Ik was doorgaans verantwoordelijk voor de logistiek, wat hoofdzakelijk bestond uit de op- en afbouw van jouw wonderland. Kleuren schoten tekort voor de ontdekking van onze fantasiewereld.

Jouw knuffel Tijger was bijna iedere week jarig, meestal op zondag. Mijn knuffel Leeuw werd dan in een hoekje gepropt, want dit opstandige beest was vaak een ongewenste gast, zo had jij bepaald. We moesten bij deze bijzondere gelegenheid in alle vroegte opstaan, ons eigen speelgoed inpakken in kranten (er lag elk weekend een nieuwe klaar op de deurmat) en de kamer feestelijk aankleden. En óf Tijger jarig was.

Of jij bedacht dat we een radiostation zouden beginnen. We hadden toen maar twee cd's. Eentje van Madonna en eentje van Mozart.

'Dat wil toch niemand horen?'

'Storm, we moeten ergens beginnen. Onze luisteraars zullen het op den duur vast leren waarderen. Rock-'n-roll, zegt papa altijd toch.'

Of onze zelf opgetuigde bibliotheek. Op een van de vele zondagen werd een nieuwe onderneming geboren. 'Al die boeken, Storm...' – In onze kamer lagen talloze boeken opgeslagen in reusachtige kasten, eigenlijk net als in iedere andere kamer in huis. Toen er geen plek meer was in de boekenkasten, maar net zomin vóór nieuwe kasten, zijn mama en papa willekeurig stapeltjes in het huis gaan bouwen, als een soort wandelaarstekens, torentjes boeken, stapeltjes die verdwaalde bewoners van het pand stoïcijns groetten als zij zich een weg langs andere boekenstapeltjes hadden weten te banen. – '...moeten we die niet gaan uitlenen?'

'Hoe? Aan wie?'

De logistieke zijde van ons duo moest daar even

over nadenken – immers, hoe groot is ons klantenbestand?

'We kunnen de Brood-biografie aan papa en mama uitlenen. Elke dag kost ze vijftig cent, precies genoeg voor een snoepzakje bij de apotheek om de hoek. En met die Brood-biografie zijn ze wel even bezig. Dat gaat in de centen lopen.'

Papa was wel te porren voor een trilogie van eigen hand.

'Papa, wij moeten je er wel op wijzen dat elke dag vijftig cent kost. Maar dat moet voor jou geen probleem zijn, die Brood-boeken lezen heel snel, je zult het een en ander wel herkennen en dan vlieg je erdoorheen.'

De volgende ochtend, de Scheveningse meeuwen waren nog niet begonnen met haring happen, stonden we kaarsrecht, schouder aan schouder opgesteld aan het grote ouderlijke bed, bedwachters waren we. Ons hoofd Logistiek had het nodige administratieve werk op papier gekrabbeld en meegebracht. Jij nam het woord.

'Pap, papa, pap.'

Mama werd wakker. 'Wat is er? Het is halfzeven, Bart heeft zijn slaap nodig.'

'Nee, papa heeft een schuld bij ons uitstaan. Hij heeft gisteren een boek uit onze bibliotheek geleend, maar tot op heden heeft hij dat nog niet teruggebracht. Dat kost hem vijftig cent, mam. Jammer maar helaas. Wij hebben het ook niet bedacht, wij doen alleen maar ons werk en uit ons overzicht blijkt dat papa een wanbetaler is. Vandaar onze komst.'

Bij wijze van bevestiging wapperde ik met de bekrabbelde papiertjes.

'Jongens, ga naar je kamer. Slapen, nu! Het is hartstikke vroeg, Bart is bekaf en moet vanavond weer optreden. We hebben het er straks over.'

Die dag hebben wij papa nog vaak herinnerd aan zijn openstaande schuld.

'Pap, kijk, hier staat het, vijftig cent.'

'Jongens, dit is mijn eigen boek.'

'Ja, maar je hebt het van ons geleend. Wij betreuren de situatie ook, pap.'

De winst bleef beperkt tot een snoepzakje. Pap had met de vijftig cent eveneens zijn boek teruggebracht en was voorlopig even uitgelezen en niet meer te porren voor het volgende deel in de Brood-trilogie.

'Pap, het tweede deel is echt de moeite waard! Beter nog dan het eerste.'

De bibliotheek van De Kleintjes werd niet veel later voor onbepaalde tijd gesloten, er werden geen vijftig centjes meer geïnd.

Net als de bibliotheek en het radiostation is ook ons restaurant nooit succesvol geworden. Maar daar ging het niet om; wij hadden de tijd van ons leven. Alles kon, alles mocht, tot een zekere, pedagogisch verantwoorde hoogte. Optredens werden gegeven, tunnels werden gebouwd, muren werden beschilderd, scholen werden gesticht, knuffels vierden feest en het speelgoed verveelde zich nooit. We beloofden elkander altijd bij elkaar te blijven.

'Later moeten we op een boerderij gaan wonen, samen. Met paarden, kippen en koeien. En Tijger en Leeuw gaan ook mee. Maar die moeten wel lief zijn tegen de andere dieren. Een grote boerderij waar al ons speelgoed in past en we alles kunnen bouwen. En dicht bij papa en mama in de buurt, dat is wel zo gezellig!'

Maar daar waar de tijd lijkt stil te staan, daar tikt de klok het hardst. De puberteit kwam, onze lichamen groeiden en onze kamer kromp. Jouw en mijn wereld pasten op den duur niet meer in één ruimte. En hoewel we met liefde nog jaren dezelfde krimpende kamer zouden willen delen, bepleitten we toch vaker bij papa en mama dat een scheiding der wegen, gevoed door de aanstaande pubertijd, verkamerd zou moeten worden. Onze oudste broer had recentelijk een soortgelijke faseovergang ondergaan; Sebas had het nest verlaten en was met vrienden gaan samenwonen. Daarmee was er in het voorjaar van 2013 een kamer op de derde verdieping vrijgekomen en werd de ruimtelijke scheiding een feit. Hoelang je het onvermijdelijke ook ziet aankomen, als het eenmaal gebeurt is het toch altijd abrupt.

Het speelgoed verstopte zich de jaren daarop onder stoffige dekens. De knuffels werden niet meer ouder, hun verjaardagen niet gevierd, en het plan om samen in een boerderij te gaan wonen raakte in de vergetelheid. Buiten het ouderlijk huis hadden we steeds meer onze eigen levens gevonden, onze eigen territoria. Thuis waren we nog altijd De Kleintjes, maar de sprookjes waren weggezakt en de ondernemingen blijvend gesloten.

Als ik erop terugkijk had ik liever gezien dat we nog wat langer bij elkaar op de kamer zouden hebben geslapen. Altijd bekommerde ik me zeer om je, iets wat je soms amper duldde, aangezien ik toch echt jonger was. Jij was maar liefst achttien maanden ouder dan ik en met een dergelijk leeftijdsverschil was ik nog niet zo wijs als jij.

Wij waren De Kleintjes: we wisten alles van elkaar, we deelden alles met elkaar. En juist toen jij misschien wel het meest persoonlijke met me wilde delen, en ik wellicht het meest de wederhelft van De Kleintjes voor je kon zijn, juist toen verborg je je in je kamer boven mij, sloot je de dikke rode gordijnen tussen jou en de buitenwereld en gaf je nog maar weinig van jezelf prijs.

Ik nam het voor lief, toentertijd. Je bevroor jezelf, liet jezelf ondersneeuwen, om op een gepast moment te ontdooien, of niet, ijzig een warmere toekomst afwachtend. Ik was niet bij machte om je wakker te schudden, te doen smelten, je eigenschappen te laten meanderen door de wereld, uitmondend in rustig vaarwater. Daar waar jij jezelf kon zijn.

Ik heb me vaak zorgen om je gemaakt, maar nooit geweten dat je zover afdreef. Gevangen op een slinkende ijskap, op koers naar ver van hier. Je enige broertje, niet in staat om je terug te brengen. Een legioen vriendinnen heeft je opgewarmd, geopend en terug aan land getrokken. Opgevist uit eenzame zeeën. Ze lieten jou in stilte een veilige haven vinden. Eerst moest jij jezelf ontdekken, begrijpen en toelaten, alvorens verder te varen.

Met trots kijk ik vanaf kades, kusten en duintoppen toe: jij staat nu met zelfvertrouwen aan het roer, wind in de zeilen en een fier wapperende regenboogvlag in top.

Mijn vriendin kuste mijn wang. Ze was wakker geworden, veegde een trotse traan bij me weg en kuste me opnieuw, herhaaldelijk zelfs, er kon geen misverstand over haar liefde bestaan.

Ik hoop, lieve broer, dat jij snel ook twee lippen op je wang gedrukt krijgt, zonder verdere woorden of gebaren, kraakhelder, de liefde blijvend op je gepleisterd.

En helaas heb je daar je kleinere broertje niet bij nodig.

'Fien, zou je later samen met mij op een boerderij willen wonen, met paarden, kippen en koeien?'

Alle liefs, als altijd, je broertje,
Storm

Mijn kleine broertje, denk ik als ik klaar ben met lezen. Mijn lieve kleine broertje. Ik weet niet wat ik moet doen; moet ik opstaan, even door het vliegtuig lopen, meteen een brief terugschrijven, een drankje nemen? Ik besluit naar buiten te kijken. De rust van de wolken klimt de vliegcabine in. Iedereen kijkt naar buiten en heel even zijn we met zijn allen door verbazing verbonden. Een collectief samenzijn, zonder dat ook maar iemand in het vliegtuig een ander kent. Zo kan het dus ook.

De piloot duikt van boven het wolkenlandschap omlaag, naar de schaduw. Dit keer voelt het niet alsof we door elkaar worden geschud, maar juist alsof we wakker worden getikt. Alsof de wolken mij voor iets willen waarschuwen. Dat ik moet opletten en niets mag missen. Een beetje vertwijfeld kijk ik om me heen. Buiten is weinig te zien; een grijze gloed duwt tegen mijn raampje aan.

Maar het grijs wordt eerst dunner en treedt daarna terug; als sigarettenwolkjes die zich langzaam overgeven aan de ruimte en uiteindelijk oplossen in het niets. Boven de wolken heeft de zon als een kroonluchter op maximaal vermogen mogen schijnen, hier onder het dek lijkt het alsof er enkel nog een uitdovend avondlampje van over is, alsof de wolken de zonnebril van de zon zijn.

Ik moet even wennen aan deze gedimde werkelijkheid en probeer opnieuw naar buiten te kijken. Al snel krijg ik nieuwe ogen. Groen landschap, rode daken, stiftstippen die koeien moeten zijn; het te belanden land wordt zichtbaar.

Als ik even later opnieuw naar buiten kijk, deins ik dieper terug in mijn vliegtuigstoel. Op een vleugellengte bij mij vandaan begint licht zich samen te ballen. Kleuren trekken als magneten naar elkaar toe en vormen samen een geheel. Ik word niet bang, maar krijg ontzag voor wat er gaande is. Mijn ogen lijken zich als punaises in een prikbord vast te zetten op datgeen wat buiten langzaam, heel langzaam, zichtbaar wordt. Ik merk dat mijn mond een beetje openvalt, maar corrigeer mezelf niet.

Het enige waar ik me op wil concentreren is wat er buiten gebeurt; heel geleidelijk vormt zich een steeds groter wordende regenboog. Haar kleuren kruipen via het vliegtuigraampje naar binnen en opnieuw lijkt iedereen betoverd. Alles is stilgevallen, zelfs de vliegtuigmotoren cijferen zichzelf weg en laten de regenboog in haar volle glorie het podium pakken.

'Goedenavond lieve mensen,' kraakt de intercom – de piloot heeft het woord genomen – 'hopelijk heeft u een fijne vlucht gehad.'

Het is even stil, nog steeds zitten mijn ogen vastgelijmd aan de regenboog die ons is komen begroeten en dit laatste stuk met ons meevliegt. De regenboog heeft geen enkele moeite ons bij te houden en ergens voelt het onbeleefd om niet naar hem, haar, hen, te zwaaien.

'Welkom terug,' besluit de piloot, 'Welkom terug in Nederland.'

Een laatste herinnering dringt zich op en brengt me terug naar de brief die ik een tijd terug van een moeder had gekregen.

Haar dochter moest met meer zaken worstelen dan je van een kind van dertien zou mogen vragen. Het leek wel alsof octopustentakels zich om het meisje heen vlochten en het plezier uit haar lijf wilden wringen. Hoewel ze vanuit een kliniek een dagelijks gevecht moest leveren met haar depressies, vond ze toch ook steeds vaker houvast. Haar dochter had een trapleuning gevonden en was begonnen aan de lange weg omhoog. Ze durft het voorzichtig aan om steeds meer zichzelf te worden, had haar moeder mij laten weten. Of, zoals het meisje zelf had opgeschreven in een bibberig handschrift:

Mam, steeds vaker
durf ik confetti toe
te laten in mijn hoofd

Dankwoord

'History isn't something you look back at and say it was inevitable, it happens because people make decisions that are sometimes very impulsive and of the moment, but those moments are cumulative realities.'

Marsha P. Johnson

Dank aan alle brievenschrijvers. Zij pakten hun pen op, of kropen achter hun toetsenbord en schreven daar een zelfportret. Een portret waarbij we diep naar binnen kunnen kijken en waar we van kunnen leren. Dank Anne, Marko, Y, Joost Jung-shik Vormeer, Ko, Liesje, Nick, Richard, Caya, Robin, Sabine, Willeke, Marcel, Mama van Alice en het meisje.

Maar ook dank aan Lotte, Brenda, Nico, Eveline, Colin, Mees, Agaath, Bram, Aya, Henk, Carlo, Kimberley, Ricardo, Jessica, Simon, Mo, Delano, Pim, Cela, Daila en de honderden andere brievenschrijvers. Jullie hebben allen iets belangrijks gedaan. Alleen als verhalen zichtbaar zijn, kan erover verteld worden. Zij die anders zijn, geven een samenleving kleur, maken haar vrijer – en jullie zijn stuk voor stuk mensen die kleur geven. Door jullie verhalen te vertellen, maken jullie zichtbaar wat soms onzichtbaar is. Door jullie verhalen vinden anderen de vrijheid om ook te kiezen voor dat wat het allerbelangrijkste is: ongeremd, onbeteugeld en onvoorwaardelijk jezelf zijn.

Dank aan het hele Spectrum-team: het is elke keer een feest om met jullie te mogen werken. De afronding van het boek voelt elke keer weer als een grote polonaisedans. Speciaal dank daarbij voor Sladjana, Renée en Jelte: drie steunpilaren die alles oppoetsen, bijschaven en opschuren totdat het glimt en glanst. Zonder jullie zou ik niet kunnen en durven schrijven.

Dank ook aan de mensen van TalentKitchen, die me beschermen en begeleiden; Kristien en Maartje in het bijzonder. Ik weet dat ik soms lastig ben, maar dat vinden jullie vast niet erg...

Dank aan lieve A – Anton – wederom voor het maken van de cover en de auteursfoto. Maar nog meer voor de gezelligheid, warmte en inspiratie die je altijd geeft (en de frietjes die ik kreeg!). Dank hierbij ook aan Yaël.

Dank aan Peter George – Peter George d'Angelino Tap – die elke keer een harnas weet te maken waarin ik mezelf kan zijn.

Dank aan mijn lieve huisgenootjes; Ca, Wiesje en Pleun. Die soms stilletjes door het huis slopen zodat ik kon schrijven.

Dank aan LieveLous – zoals altijd! En aan alle andere vriendinnen van het vriendinnenleger die mij altijd inspireren.

Dank aan Hond Bril, dat je me daar in Zweden gezelschap hield en dat je nog steeds onze lieve hond bent. Zo lang al.

Zoals altijd! Dank aan mijn lieve broers; Sebastiaan en Maurits. En een speciaal dank aan mijn lieve broertje Storm; die een brief schreef en daarmee zo veel meer zei. Een dierbaar papier dat ik de rest van mijn leven kan koesteren.

Dank aan lieve Mama en lieve Papa – omdat jullie ervoor gezorgd hebben dat als ik terugdenk aan mijn jeugd, het lijkt alsof altijd de zon scheen, zoiets gun ik elk kind.

Dank aan lieve Papa, van wie ik leerde hoe schrijversregen klinkt en hoe je dat zelf maakt.

En uiteraard dank aan lieve Mama die, zoals altijd, als eerste het definitieve manuscript las en gelukkig ook dit keer weer haar goedkeuring gaf, waardoor het boek er nu daadwerkelijk is. Zonder jouw goedkeuring, druk ik niks af. Dank dat je mijn mama bent bij wie ik veilig thuis kan komen.

Verantwoording

Dit boek bevat ingezonden brieven over persoonlijke verhalen. Uit respect voor de verhalen hebben we ervoor gekozen de brieven zoveel mogelijk integraal te plaatsen. Waar nodig is om reden van privacy gekozen voor gefingeerde namen of plaatsen. Wij hebben ons best gedaan de verhalen het podium te geven dat ze verdienen. Ze staan voor talloze andere ingezonden brieven die we helaas niet allemaal konden plaatsen.